就懂的

邏輯表達力

職場表達培訓專家
宋曉陽——著

從面試、開會、簡報到人際經營，26堂全方位職場溝通

CONTENTS 目錄

前言 006

第1章

表達前的準備——擁有結構化思維，讓表達更有力量 013

01 使用「邏輯表達框架」 014

02 寫講稿、列提綱 025

03 傾聽的重要 037

04 控制時間 050

05 好故事是表達的靈魂 058

第2章

瞭解型表達——在閒聊中為自己贏得好機會 071

06 用好簡歷和表達力拿下職位 072

07 理解問題，分層回答，保留餘地 086

08 用表達贏得客戶和訂單 094

09 聰明閒聊，不留痕跡地贏得機會 106

10 說對話，讓自己更值錢 116

第3章

思辨型表達——有策略地說服他人 127

11 用事實說話，讓說服更容易 128

12 站在對方立場，創造共贏式對話 136

13 讓人一聽就懂的教學法 145
14 巧妙反擊職場小人 153

第4章 情感型表達——用表達建立高情緒價值 161

15 讚美要說到點上 162
16 會分享的人，漲粉更快 169
17 用真誠的情感打動他人 177
18 情商高的人，如何安撫受傷的情緒？ 185
19 拒絕卻不得罪人的策略 190
20 不損人也能展現幽默感 197

第5章 演說型表達——關鍵時刻，講出你的實力 205

21 在公眾面前如何大聲講話 206

22 這樣做工作報告，讓老闆更器重你 215

23 讓你的發言為成果加分 221

24 別讓肢體動作出賣你 225

25 好的簡報設計，能為表達錦上添花 231

26 事前彩排，做到萬無一失 238

附錄 一位優秀主持人的表達養成 244

後記 254

前言

大家好，我是中國傳媒大學播音主持藝術學院的老師宋曉陽。從教近二十年，我培養了無數的播音員和主持人，作為學界資深專業教師，我有著豐富的教學經驗；同時，在課堂之外我也是一名語言培訓專家，為包括蘋果、三星、字節跳動（抖音〔TikTok〕的母公司）在內的知名國內外企業做過多場表達與溝通能力培訓，精通職場與生活中各種場景下的表達技巧。二〇二〇年六月，由我撰寫的《完美溝通》一書出版發行後，受到讀者的熱烈歡迎。關於表達，書中有很多最新的概念，快接慢說、資訊推演、語言箭頭等，這些專業概念幫助很多職場人士提升了語言表達能力。

為什麼要學表達？

做了這麼多年的語言表達培訓，我有一個非常深刻的感受：無論是在職場上，還是在生活中，一個會表達、會說話的人，一定是美好生活的創造者、受益人。

職場中會表達的人，在匯報工作、接洽專案、溝通事情時，節約時間成本，減少不必要的內耗。而生活中會表達的人，在處理親朋好友間的大事小情時，照顧他人情緒，麻煩事也會變成輕鬆事。同樣的一句話，就看你怎麼說。這恰恰說明了表達在我們日常工作生活中的重要性。

近二十年的培訓經驗，讓我發現很多人的表達問題主要表現在這兩個方面：一是自我表達，說出自己的想法時，拖泥帶水、邏輯混亂、無話可說、說話跑題；二是與他人交流，明明自己占理，就是說不過對方，總是做事後諸葛。這兩個問題最直觀的後果，就是他人認為我們說的話沒有分量，努力說了半天，結果別人一句話都沒聽懂、沒記住。我們的語言力量因為表達能力的不足而大打折扣，最終難以達到說服對方的目的。

或許有人說，生活中哪有那麼多需要說服他人的場合，而且說話誰都會，難道還需要學習嗎？是的，說話需要學習，因為說話是一門藝術。現實生活中，「不會說話」已經是很多人在人際交往中的痛點，比如，某位同事或朋友情緒低落，你想說幾句安慰的話，結果說得不好反而弄巧成拙；飯局上大家閒聊，別人一張嘴就成為焦點，而你一開口，空氣就凝結了；和同事在茶水間休息聊天時總是尬聊，生怕空氣突然安靜，雙方都不自在……這些語言表達上的問題，不僅會影響我們工作和生活中的人際關係，嚴重時還會打擊我們的自尊心，令我們產生社交恐懼心理，降低我們的生活品質，長此以往，會讓我們越來越不自信、不敢開口、畏懼說話。

總而言之，「不敢表達、不會表達、不能表達」成了很多人職場打拼、日常社交的心病。治療語言表達上的這塊心病，需要像我這樣的專業人士給你一服靈丹妙藥。以上這些問題，我會在這本書中一一解決。

不論在職場上還是生活中，具備一定表達能力的人，獲得的機會會更多。二〇二一年六月，我為國內某航空企業做培訓，有位姓陳的小夥子引起了我的注意，我為他的一次工作評優匯報發言做了簡單指導。一開始，他的演講稿內容平淡，難以突出主題，我建議他增加兩個故事，並且指導他如何講好這兩個故事，再讓每個故事的結尾緊扣核心。聽了我的意見後，他把稿子大改。小陳在之後的評優比賽中表現優異，奪冠後他第一時間發訊息給我，感謝我教他講故事的方法。今年這家企業又找我做培訓，和我聯繫的窗口正好是小陳。他告訴我，由於他溝通表達的能力突出，待人接物、人際溝通能力很好，部門主管為他安排了對外的工作，同時升職又加薪。除此之外，看過我的書從而獲得表達能力提升的職場人士，還有很多很多很多。

憑藉我多年的播音主持教學和企業單位培訓的經驗，我提煉總結出許多實用有效的表達方法和技巧，讓你發現自己、訓練自己、培養自己，用表達幫助你在職場、生活中變得更加自信。

表達力的五大面向

這本書的二十七個章節，主要包括了五大面向。

第一個面向是「表達前的準備」。這一章主要教你在表達前如何列提綱、組織話語、打草稿、篩選素材，如何設計表達結構、如何構思一個好故事等等。其中還包括如何傾聽他人說話，教你聽出核心內容、鑑別資訊。因為聽明白，才能說清楚。

第二個面向是「瞭解型表達」。這類型的表達是為了讓別人瞭解你和你掌握的情況，對你講的內容感興趣。即使是在一些社交場合中，漫無目的的閒聊，也可以為自己贏得好人緣，成為工作上的助力。主動自我暴露是「瞭解型表達」的內容之一。

第三個面向是「思辨型表達」。思辨型表達對於講話人來說就是一場仗，一個事例、一組資料、一個觀點可以瞬間改變整個談話場域。與對手抗衡，你的表達需要事實，更需要策略。這章內容教你如何以協商的形式說服他人，達到自己的目的，在激烈的辯論中，讓你的表達成為鬥智鬥勇的利器。

第四個面向是「情感型表達」。比如你和同事平時關係不錯，今天她挨了上司罵，這時候你會認真分析她工作上到底哪裡出了問題，還是引導她崩潰的情緒，讓她在你的肩膀上哭呢？情緒時代，在表達中需要利用情緒價值。這一章節最大的亮點是教你在表達中發揮自己的共情能力，幫助你建立舒適的人際交流圈。

第五個面向是「演說型表達」。這一章節教你如何用優美的聲音在公開場合講話，如何做一場高品質的工作匯報，如何讓一舉一動為你的公眾表達加分。演說型表達囊括了一個社會人在公眾表達中需要注意的全部問題，從聲音形象、簡報設計，再到肢體語言、彩排訓練，全方位提升你的公眾表達能力。

這本書還有一個附錄，我會在最後一節內容中介紹一位播音主持專業的主持人，帶你瞭解一下他在大學四年是怎麼接受專業化培訓的，體驗一下中國最好的播音專業院校的表達教學。

這五大面向和訓練方法是我近二十年專業教學的經驗所得，我利用這些方法幫助了許多職場人士和熱愛生活的人。

在現實工作生活中，很多人往往因為不會表達在職場上受挫，在生活中處處碰壁。相信通過這本書的學習，你能掌握實用的語言表達方法，再結合自己實際的工作和生活，不斷嘗試，努力實踐，最終你將成為職場上的表達高手、生活中的表達能人。

擁有結構化思維，讓表達更有力量

1

表達前的準備

第 1 課　使用「邏輯表達框架」

第 2 課　寫講稿、列提綱

第 3 課　傾聽的重要

第 4 課　控制時間

第 5 課　好故事是表達的靈魂

第1課 使用「邏輯表達框架」讓表達思路更清晰

我在為很多互聯網公司、企事業單位的職場人士做提升語言能力的培訓時，發現了一個普遍存在的問題，那就是「表達中的邏輯不清」。工作中跟同事討論專案，自認為有理有據，說得很清楚，可是對方還是一副懵懵懂懂的樣子。說著說著就發生了跑題、說不下去、說得繞來繞去等情況，也是常有的事。

很多人會問，「宋老師，為什麼很多主持人說起話來那麼有邏輯？我們如何像主持人那樣條理清晰呢？他們是用了哪些方法和技巧呢？」今天宋老師就教你如何用對邏輯表達框架，讓表達的思路變得清晰。

首先，我想問的是：「講話前，你最先考慮的問題是什麼？」

很多人會說，「我最先考慮的問題，是我要說什麼內容。」如果你這麼回答，那就錯了，這就是我們表達時邏輯不清楚的原因所在。

當一個人想要發表看法和意見的時候，只考慮自己要說什麼，而不是站在聽者的角度去考慮怎麼說，從專業溝通者來說，這是一種語言上的「表達自私」行為。

那麼，如何避免自己陷入表達自私的行為呢？你需要建立「表達結構」的意識，把表達內容鑲嵌到最適宜的結構中，借助結構的優勢，讓聽者理解你要說的內容。

次序表達

表達框架中，最簡單好用的就是「次序表達」。也就是說，講話人把要說的內容綜合起來，依據個人的想法進行分類並列好小標題，按照第一、第二、第三的順序編排講話內容。

下面舉一個例子，示範如何使用這種表達結構。新入職員工培訓課程即將開始，你要以培訓負責人的身份講一下培訓要求，你可以這樣說：

大家好，歡迎各位加入〇〇公司，今天是你們入職的第一天，作為此次入職培訓的負責人，我跟各位介紹一下培訓時的紀律要求以及成績核算事宜，在這裡強調三大注意事項。

第一，八點打卡請勿遲到。培訓期間我們是要考核出勤的，所以大家務必早上八點以前打卡，至於路上塞車、忘了設定鬧鐘等類似的理由，免談！

第二，課上發言要積極。老師提問或者小組討論時，大家要積極發言，這些都會作為平時成績列入考核。

第三，開卷考試自己答。培訓最後有一次筆試，是開卷考試。考試的時候禁止交頭接耳，每個人答自己的，考試時候說話的人將被取消考試資格。

總結一下三大注意事項：「八點打卡、積極發言、考試自己答」。

以上，多謝各位。

第一，第二，第三；首先，其次，最後；第一方面，第二方面，最後一個方面……

無論採取哪種次序語，只要你把自己想要說的內容按這種結構分類，就會使你的表達具有一定的邏輯感。有的人會問：「宋老師，要如何決定什麼內容放前面，什麼內容放後面呢？」

事實上，越往前面放的內容越重要。因為人們在聽一個人講話的前幾分鐘，注意力最集中，所以請把最重要的內容往前放。

還拿上面這個案例來說，對於新入職的員工來說，最應該保證的是準時上課，這是培訓是否有紀律性最重要的體現，是三個注意事項裡面最重要的，所以應當放在第一項來說。

你是否注意到上面的案例中，我在使用次序語的時候，「第一」、「第二」、「第三」的後面會有一個小標題。比如：第一，八點打卡勿遲到；第二，課上發言要積極；第三，開卷考試自己答。對於聽者來說，負責人的整個發言中，只要記這三句話就可以了，這三句話是整個發言內容的提煉。總之，小標題與次序語配合使用，能夠幫助聽者更好地瞭解你要表達的內容。

時間順序表達

時間順序表達是一種非常方便使用的方法，你可以按照時間線來梳理自己的內容，利用時間點把你要表達的內容分門別類說明。

接下來我們看一個案例，這是最典型的時間順序表達。

發言人：專案負責人
發言內容：校園短影音達人媒體體驗日
時長：三分鐘

類似這種專案介紹，採用時間順序表達最合適了。你可以這樣說：

為了擴大我們公司的社會影響力，特別是在年輕用戶中的影響力，我們在今年年初發起了短影音大賽，從參賽選手中挑選出全國十所大學的達人。從專案發起到最終落地歷時三個月。接下來我按照時間線，把此次活動的四個階段在這裡跟大家匯報一下。

二〇二一年三月：發起階段，我們與全國二十五所設有傳媒科系的大學合作，三月份我們共收到一五〇條影音作品，品質都很不錯。

二〇二一年四月二十日：評審階段，我們邀請了知名網紅、專家和網友們進行投票，最終評選出來自十所大學的十位短影音達人。

二〇二一年五月一日：我們舉辦了線上頒獎典禮。全網直播線上用戶達兩萬名以上，評論量有八百則以上。

二〇二一年六月十五日：體驗日當天，我們為十位學生分配了限定主題的拍攝任務，有一位學生的影片還上了微博熱搜，我們也選出三個作品放在影音平臺上，獲得超過十萬個讚，超出了預期。

以上就是「校園短影音達人活動」的整個執行過程，我們也對整個項目進行了復盤，接下來由我的同事小張為大家做復盤總結。

在涉及時間順序的內容時，選擇用「時間順序表達」最合適，這裡的重點在於選取哪些時間點。有時候我們在做某項工作時，專案時間長短不一，過程也是起起伏伏，但同樣有規律可循。舉例來說，改變工作進程性質的時間、新的合作方加入或者新資金投入的時間等，這些都是很重要的時間點。

時間點雖然精準，但說的太多也容易讓人聽不進去，因此，可以考慮把活動的時間點與大家耳熟能詳的事件聯繫在一起。比如上面這個案例裡，線上頒獎典禮的時間是五月一日，就可以提一句「勞動節打工人不休息」，但這個分寸需要掌握好。

過渡句表達

很多人在表達時邏輯不清楚，我們發現是因為人們在講話時只考慮自己說什麼，很少會考慮對方是否能聽明白。但其實表達最重要的，**是讓對方能聽明白**。

容易讓對方聽明白的表達框架，還有一種是「過渡句表達」，通過使用引導詞、銜接語讓聽者更容易理解發言者的意思。這也是專業主持人最常使用的方法，過渡句表達可以把鬆散的內容串聯起來。

具體怎麼做，我們來看案例。以下面這段發言為例，如果你是負責某次專案競標的團隊負責人，做專案總結分享的時候，你可以這麼說：

我們團隊這次競標到一家美妝公司年會上的甜點專案，我代表夥伴們跟各位分享一下此次競標成功的經驗。我們從負責人、公司年會舉辦情況、年會對甜點的要求等方面做了背景調查，基於這些調查，我們成功拿下了這個項目。

首先，我們分析了一下這次甲方公司年會的負責人海倫的個人成長背景，她在這家公司已經兩年了，之前她有過在國外工作生活的經歷，注重社交，時尚神經極其敏感。面對這種甲方，不費一些心思，肯定拿不下，所以我們也是拿出了原料最優質、定位最高端的產品供她挑選。

除了負責人的喜好，年會本身對甜點的要求也是重點。這家公司今年剛上市，因此今年年會的規格比以往高，預算也多。客戶還會在甜點區放一款新推出的美妝產品，因此希望甜點造型能跟新品互相呼應。

考慮了負責人以及年會對甜點的具體要求，接下來我們考慮的是公司員工組成。在這家美妝公司中，年齡二十五到三十五歲的女性員工占了百分之八十五，女性消費者對於甜點的外觀要求很高，拍照好看很重要。所以，在試吃會上，我們的甜點顏值高，得票數也最高。

除負責人、甜點需求和員工組成以上三點外，我們還將目前社會上對於甜點的新訴求考量進來。「甜點不能太甜」是當下用戶最重要的訴求，我們這款甜點零蔗糖，採用了代糖，對消費者很友好。之前在社交平臺和電視劇廣告的置入，也收到不錯的成效。

以上這四點就是我們此次競標成功的經驗分享，多謝各位。

你注意到我的引導語、銜接詞是怎麼說的嗎？你對這些話有印象嗎？

除了負責人的喜好，年會本身對甜點的要求也是重點。……

考慮了負責人以及年會對甜點的具體要求，接下來我們考慮的是公司員工組成。……

除負責人、甜點需求和員工組成以上三點外，我們還將目前社會上對於甜點的新訴求考量進來。……

其實，這四點的前後順序是可以調換的。第一點不說負責人，先說「甜點不能太甜」這一點也可以，然後把第三點「女性員工占比大」放到第二點來說也沒有關係。這時，引導語、銜接詞就可以變成這樣：「前兩點我們考慮到關於甜點的最新消費觀念以及該公司的女性員工比例，但我們之所以能拿下這個競標，還跟我們把負責人海倫的喜好研究過了有關，年會負責人海倫的個人喜好是……」

引導語、銜接詞主要是起承前啟後的作用，在聽者看來，會顯得你的表達一環扣著一環，很有邏輯。

在本節的三種表達框架中，「次序表達」是最常見的方法。使用這個方法時，要注意小標題，才能讓聽者記得住。「時間順序表達」主要是用於有時間點的內容表達，重點在於選取有代表性的時間點，選取標準也教給了你，另外就是時間點少而精比較好。最後是「過渡句表達」，這個是專業主持人最常使用的方法，善用引導語、銜接詞，可以使你的表達更加完整。

想要說話條理清晰有邏輯，只需要使用以上這些表達結構，建立「抓手思維」，就能克服「表達自私」的習慣。

第2課

寫講稿、列提綱

不打沒有準備的仗，不說沒有講稿的話

這一堂課，我們要談一談表達前的案頭準備工作。

成功的表達，都需要做好前期的案頭準備工作。長官請你在開例會的時候做匯報、老同學聚會上大家請你開場講兩句話、與同事中午一起吃飯，聊起最近熱播的電視劇，這些場合如何表達自如、不出糗是讓很多人頭疼的事。事實上，無論是精心準備過的工作匯報，還是一時興起的臨時發言，好的表達都離不開前期準備。

有一次畢業晚會上，我們播音學院邀請了一位新聞主播作為優秀校友出席，活動開場前，臨時安排他跟即將進入求職市場的學弟學妹們提點兩句。接到任務後的二十分鐘裡，坐在我身邊的這位主播就一直在做準備，嘴裡時不時小聲地叨叨著。後來他上臺講

了十分鐘，將自己人生的三個轉捩點，從大學畢業時的困惑、進入央視工作第一年的心態調整到從學生到社會人士的過程娓娓道來。這十分鐘的講話，有故事有心得，態度真誠不說，表達還十分流暢。講話結束後，他收穫了學弟學妹們熱烈的掌聲。

聽完這段故事，你是不是有點納悶，新聞主播那麼好的口才，做這種即興發言還需要做準備，而不是開口就能說嗎？我想要告訴你的是，即便是主持人，想要完美表達，也需要做好前期準備。

即興發言也需要打草稿

在工作和生活中，每每遇到要發言的時候，如果我們有充足的時間做準備的話，大多數人都會提前寫好大綱，再去彩排演練。但很多情況下，我們是被長官、客戶、朋友等臨時點名發言或表達一下想法，因為沒有準備，就很容易前言不搭後語，支支吾吾，場面十分尷尬。

事實上，提起即興表達，不僅普通人頭疼，對專業主持人來說也是心裡一驚。在毫無準備的情況下，立刻張嘴說話，還必須是有邏輯、有內容的高品質表達，是一件很難的事。為了讓大家可以遊刃有餘地應對它，我總結出很多方法，第一種是「打腹稿，練習說」。

先說打腹稿，我總結了以下四個「一」：

從第一眼開始說起

即興講話最好的準備方式是就地取材，就地取材不僅能讓你順利地開始講一件事，保證所講的內容不會跑題，也可以幫你爭取時間思考後面要講的內容。就拿同學聚會來說，不知道從哪說，就從大家身處的環境說起，比如這家餐廳給你的感受、進門的時候第一眼看到哪位老同學的感受，甚至是當天的天氣給你的感受等；如果是會議場合，就可以從別人剛剛講過、讓你印象深刻的內容入手。

而在你就地取材講話的同時，就要思考剩下的三個要點了。

表達主題只要一個詞

你在發言的時候，無論說什麼內容都要圍繞這個詞來講。還記得我在本節一開始講的那位新聞主播來我們學院給學弟學妹們演講的故事吧，他那天的主題是「主動改變」。無論是從學習到工作的「內容改變」，還是從學生到社會人的「心態改變」，都是主動改變。當你的主題明確，也就是給自己的腹稿貼上了一張標籤，跟標籤不符合的內容，都不要放進來講。如此一來，你的觀點會很清晰，就很容易讓人聽明白。

主體只說一件事

任何發言都離不開故事，所以講個小故事是這種臨時發言最主要的內容，比如同學聚會，飯桌上看到了誰，就可以講一些學生時期跟這位同學有關的趣事。會議的場合也一樣，只針對性地講某一件事情即可，不需要面面俱到。

只說一個感受

這種場合的發言時間不要太長，短小精悍最好。在發言的最後，可以說一下你當下的感受。

我們就以同學聚會為例，來說明如何使用這四個要點：

我今天下車後，一抬頭看著餐廳的牌匾就很高興，我們班長選這家餐廳真是有心呀，「葫蘆娃一家人」，我們小時候看的動畫片是《葫蘆兄弟》，我們在一個班級，那就是一家人呀（從第一眼開始說起）。聚會吃四川火鍋，湯底是又紅又辣，看來我們這些年一定是吃香喝辣呀！今天這聚會就是紅火開心（表達主題只要一個詞）。

說起吃火鍋，想起某年我們宿舍的學霸張朝，拿了三等獎學金，我們起鬨要他請吃學校北門那家辣妹子火鍋，他是海南人，結果第二天就請假沒去上課，跑校醫院去了（主體只說一件事）。話說回來，這畢業十年了，距離上次聚會也已經三年了，我好久沒感覺那麼輕鬆了，今後我們一定要更常聚聚（只說一個感受）。

只要記住以上四個要點，那你在需要即興發言的場合，就能很快地組織好語句，講出內容。這「四個一」的表達要點你平時就可以記在心裡，當你需要即興發言時，腦子裡就能很快套用這個範本，從而組織好發言內容。如果想要說得更好一些，在時間允許的情況下，你按照這個範本打好腹稿之後，最好能夠練習流利地說出來。像同學聚會這樣的場合，說錯一句半句的還沒有關係，若是在職場上，遇到打好腹稿，但一站起來說話，大腦就一片空白的情況，可能就會影響職業生涯了。因此除了打腹稿，還要多練習說，讓你嘴部的肌肉參與進來。

之前我為世界五百強企業的銷售團隊高層授課，其中一位資深的高管在課上向我提出了問題：「宋老師，有一個表達上的問題一直困擾著我。有時候，長官會臨時要求我十分鐘後，在會上做一個三分鐘的簡短發言，我需要做些準備，但現寫肯定來不及，我得在心裡打腹稿。可是每次準備的腹稿再好，一站起來、一張嘴，我就什麼都想不起來了。一次、兩次都是這樣，我還以為是自己沒準備好，時間久了，這個表達問題成了我的心病，一遇到這種臨時發言，我心裡就發慌，難道打腹稿不對嗎？這種情況到底該怎麼辦？」

不知道你是不是也遇到過這樣的表達問題。事實上，這位高管只做對了一半，打腹稿沒錯。但想要解決他的問題，還需要增加一個步驟，那就是「練習說」。

打腹稿從表達準備流程上來說，還處於純思考的階段。因為想、思考是一種抽象的腦部活動，這種抽象的腦部活動需要落地，落地就是指說出來，也就是說話的練習。「練習說」的目的是把你「想」的內容與你嘴巴要「說」的內容銜接起來。只打好腹稿還不行，只有多練習說，才算是做好表達的準備。還記得前面說的那位新聞主播嗎？上臺前，他一直在我身邊叨叨，這就是他在練習說呢。

為什麼只打腹稿不行？因為一個想法在從「想」到「說」這個過程中，會受到很多因素的影響。比如外界環境因素，你剛要說話，突然有個人敲門進來，你一下子就忘了自己剛才想說什麼了。再比如，你剛想說，腦子裡突然飛進來另一個想法，自己剛才要說的話，就完全想不起來了。

練習時說的話，是你之前打腹稿的內容，條件允許的情況下，動嘴出聲地把內容說出來，如果條件不允許，動嘴不出聲地講出內容也可以，目的就是讓你的嘴部肌肉形成記憶，反覆多次的說話練習會讓你的腦、嘴巴還有心三者統一起來，為你的表達做好準備。

列提綱，讓你說得更有邏輯

「打腹稿，練習說」是即興發言的準備方法，這些方法屬於「平時不燒香，臨時抱佛腳」的急就章策略，可以保證讓你說出來、說下去，但是保證不了說得精彩，也就是說話品質不會很高。

事實上，重要場合中那些讓人印象深刻的高品質表達，離不開內容扎實的文字稿。所以，在時間充裕的情況下，最有效的方法是列一下提綱，寫一些關鍵字、大詞條，甚至逐步完善到成為一篇逐字稿。

那麼，如何著手寫一篇優質的文字稿呢？在這裡，我從專業教師的角度，幫你梳理三個寫匯報發言稿的步驟，你可以參照一下。

整理素材，確定內容

寫提綱前，先要將手頭掌握的素材進行整理。假如你要代表團隊做工作匯報，最好事前跟項目負責人、主要幹部開一個碰頭會議。開會前，你可以說一下此次會議希望大家配合你的地方，好讓同事們事先有所準備。專案成員希望把哪些內容放進匯報中、哪些又要作為重點來講，是這次碰頭會議的討論重點。

列出提綱，標示重點

會後，根據同事們提供的內容，你可以撰寫一份匯報用的提綱。提綱的內容主要包括以下四個部分：發言主題、各區塊的小標題、發言的重點和亮點（匯報的重點、亮點），以及最後總結。

另外還有三點尤其需要你提前做足準備：匯報的措辭、重點資訊和資料成果、項目的重要意義。這些可能需要你和專案負責人敲定，因為這些細節會直接關係到你匯報發言的品質。

持續優化，反覆調整

提綱的撰寫從最初的「大框架」到「小細節」，這期間與同事頻繁溝通時，要把每一版的提綱做好檔案標記。比如「工作匯報提綱（0802 第一版）」、「工作匯報提綱（0805 第二版）」等。提綱的撰寫可以採用思維導圖的方式，不僅條理清晰，修改也方便。

此外，最好養成做日報、週報的工作習慣；隨手積累視覺素材，例如拍攝工作照或者影音；同時做好檔案整理工作等。養成良好的工作習慣，在工作匯報時會成為你豐富的素材庫。

講稿不會一次到位

無論是職場上的表達，還是生活中的談話，能在公眾面前表達自如都離不開前期的準備。準備工作是否專業、是否到位也是影響表達效果的關鍵，那麼怎樣才算是準備到位了呢？按照我的輔導經驗來說，直到上臺之前，都不能停止準備。

大家都知道電視臺的主持人經常會直播，你覺得他們手裡拿到的直播稿也好，腳本也罷，是最終播出的版本嗎？告訴你吧，只有最後直播時候說的那一版才是。直播前臨時改動、直播過程中臨時改稿子都是家常便飯，他們之所以可以應對自如，是因為他們已經習慣了這種工作方式。

我們日常工作生活中的表達也是一樣，想要做到精益求精，表達到位，就要學會不斷修改和矯正。即便你在表達過程中出現了什麼錯誤，基於你之前多次修改稿件的經驗，你也能夠輕鬆應對一些突發情況。

學習表達，很多人以為只是動動嘴皮子的事，事實上，需要動腦、動手，在動嘴皮子之前，還有很多前期準備工作需要瞭解。

即興講話，需要提前打腹稿，打腹稿記住「四個一」，分別是：從第一眼開始說起、表達主題只要一個詞、主體只說一件事、只說一個感受。

讓腹稿落地的最有效方法是「練習說」，完整自己從「想」到「說」這個過程。讓嘴巴形成肌肉記憶，改變一張嘴就忘詞的尷尬局面。

寫提綱從「大框架」到「小細節」，列提綱要記住四個部分和三個要點，利用便捷的思維導圖撰寫，結合素材庫在表達方式、措辭、內容結構上不斷修改。提綱越細緻，發言稿成稿也就越容易。

總而言之，想要表達好，案頭工作少不了，寫提綱、打腹稿，我們需要有備而來，不能打無準備之仗。如果怕麻煩，圖省事，那你一定會講不好的。

第3課

傾聽的重要

抓住話語的核心資訊

這一堂課我們來談談「傾聽」，通過這三種方法，你就可以抓住別人講話的核心資訊，聽懂對方的話語。只有聽明白，才能說清楚。

前幾天一位師妹跟我聯繫，她的一位朋友在金融機構工作，最近這位朋友發現，自己的下屬在做其它公司背景調查的時候，總是拿不到想要的核心資訊，這會直接影響到他們對客戶的評估。因為背調工作的品質急需提高，他們希望我能為這位下屬做一下培訓，培訓的內容就是「傾聽與提問」。你看，這就是職場中聽辨能力的重要性了。如果你聽的能力不行，老闆會認為你腦子不好用，他說的話你聽不懂，同事也會覺得跟你交流很花力氣，消耗很多時間。

一般人會認為，表達不就是「怎麼說話」的事情嗎？只要學會怎麼說就可以了，怎麼又跟耳朵如何聽有關係呢？這麼理解表達，那就太片面了。只有聽明白對方什麼意思，你才能知道自己接下來怎麼說。

在傾聽之前，你需要切換自己的狀態。好比我們上課的時候，老師會敲黑板，這個動作意味著他要開始上課了，我們的注意力要從跟同學聊天切換到聽老師講課上。如果我們一邊跟同學說話，一邊聽老師講課，那一定是聽不明白老師講的上課內容。老師在說話的時候，把自己的想法通過語言的重新組織傳遞給我們，我們需要把這段語言解碼，變成自己可以理解的內容。如果在傾聽的時候注意力不集中，就會出現解碼錯誤，無法正確理解他人的意思，產生誤解，甚至完全聽錯。

想要在交流時，高品質的傾聽、接收資訊，首先要記住「一抓一排」這兩點。

傾聽前的準備工作

一抓：抓住自己的注意力

現在每個人都有手機，在工作中，除了通訊軟體之外，通常我們還會用到各種辦公軟體、頻繁地跳出各類消息的工作群和聊天軟體，加上手機ＡＰＰ的各種推送，無孔不入的資訊分散了我們的注意力，是顯而易見的趨勢。試想，使用電腦寫東西的一個小時中，你會有幾次切到通訊軟體回覆訊息，或者不自覺地看手機？回覆完之後，你能很快地讓注意力回到手邊的工作嗎？

注意力不集中會影響到你深度思考的能力。而傾聽不僅需要集中注意力，更需要深度思考，只有這樣才能聽進去、聽明白、聽出問題來。

一排：排除干擾因素

在前段時間熱播的綜藝節目《披荊斬棘的哥哥》第一期節目中，觀眾們看到了在舞臺上賣力唱歌的陳小春和黃貫中，一下子勾起了回憶，在彈幕上留下很多懷舊的話。由此可見，人們接收的資訊會在意識中發揮作用，引導受眾聯想起其他的事情。同樣，我們在聽別人講話的時候，也會受到情緒的干擾。比如別人的說話態度很強硬，讓你在心裡有所抵觸，那接下來無論對方說什麼，你都可能覺得他是在針對你、質疑你；或者對方說話時總是在重複一句話，你的關注點就會落在那個口頭禪上，從而忽略了對方話語中的關鍵資訊。因此，在傾聽時，主動意識到干擾因素的存在，並努力去排除它，就變得很重要。

「一抓一排」是相輔相成的兩個方法，也是讓傾聽變得準確、高效的基礎。當然，影響傾聽的還有其他因素，比如說，如果你專業知識儲備不夠，行家講起來，你肯定聽不懂。

如果上面說的「一抓一排」你做到了，我們接下來就要學習如何傾聽了。

抓住核心資訊

確認複述法

這個方法的應用場景是說話者所表達的內容比較零碎的時候。例如，長官指導工作、小組工作討論、他人提出建議等。

傾聽，顧名思義是別人說，我們聽。但是這不代表說者的話，聽者都能聽清楚、聽明白了。

當你向長官匯報工作，隨後長官基於你的匯報提出意見。為了保證長官的指示經過你的傳達不走樣，最好的方法是把長官說過的話，以複述的方式確認一下。

你可以這麼說：「張主任，您剛才說的內容，我都筆記下來了。我想跟您確認幾個重點內容，您看看這樣對不對？」

注意到了嗎？在你複述之前，你跟張主任說的這句話，暗示了你有在用心聽他講，而不是簡單聽聽而已。

這麼做的好處是：你在複述的時候，把自己聽到的內容捋順，同時也確認了對方表達的重點。如果對方從你的複述中發現自己表達有錯誤時，也能馬上糾正過來。

總結一下，跟長官確認的話術就是：

- 「張主任，您剛才說的內容，我都筆記下來了。」
- 「我想跟您確認幾個重點內容。」
- 「您看看這樣對不對？」

如果同事對你的專案報告發表想法的話，你可以這麼說：「你這個點子不錯，我已經記下來了。我總結一下，你確認看看是不是這三點，我們再討論一下寫法，看看怎麼放進報告裡。」

首先，你對於同事的創意和想法表達出積極的正面態度，一方面是認可同事，還有一個更為重要的作用是鼓勵對方，因為你的鼓勵，同事會比較積極認真地聽你為他總結的這三個特點。

其次，同事發言的時候可能說得很瑣碎，也沒有頭緒，但是作為聽者，你把他瑣碎的內容進行了整理，還幫他用三個適當的關鍵字做了概括，對方會感激你。參與討論的同事也會注意到你總結觀點的能力，也是團隊不可或缺的。

最後你說：「我們再討論一下寫法，看看怎麼放進報告裡。」雖然寫進報告這件事，憑你的工作能力完全可以獨立完成，但是當你把「討論」這個詞說出來，無論是長官還是其他同事都會感受到，你做事的周全和尊重他人的平等心態。

總結一下，跟同事、朋友確認的話術就是：

- 「○○的想法很不錯，我已經記下來了。」
- 「我總結一下，你確認看看是不是這幾點？」
- 「我們再討論一下，看看接下來該怎麼做。」

「確認複述法」是以請教的方式，讓說話者幫你確定核心重點的傾聽方法。除了「確認複述法」之外，想要快速抓住他人講話的核心資訊，還可以利用「找關鍵字」這個方法。

找關鍵字法

通常應用於說話者所表達的資訊高度密集，結構比較工整的時候。例如：項目匯報、工作總結、分配任務等。

當說話者想要說的內容資訊量比較大時，他們通常會在前期做很多準備工作，比如打草稿，將自己要表達的內容分成幾個方面來講；有的人可能還會借助簡報這種視覺化的手段。這些人的發言資訊量很大，往往難以讓人抓住重點。但其實只要抓住他們談話中的關鍵字或關鍵句，你就能掌握他們講話的重點。

下面這段內容資訊密度高、敘述也比較複雜，你來試試看，找出它的核心內容：

眼下，連接廣珠城軌的通道工程，在橫琴已進入收尾階段。這是澳門建築企業在內地承接的首個社會投資專案，並首次試點實施澳門建築工程管理模式，這個嘗試將直接帶動港澳建築領域專業人士在橫琴執業。

橫琴粵澳深度合作區的戰略定位之一，是促進澳門經濟適度多元發展的新平臺。中醫藥有廣闊的發展前景，目前，粵澳合作中醫藥科技產業園已集結澳門、香港和內地醫藥企業一八九家。

澳門街坊總會橫琴綜合服務中心，是首個澳門社團在內地成立的社會服務機構，已累計提供服務近六萬人次。這次新方案將幫助合作區新技術、新產業發展，也帶動越來越多澳門居民在合作區學習、就業、生活。現階段，橫琴註冊的澳資企業總數已超過四千家，七千六百二十一名澳門居民在橫琴辦理了居住證，兩千多名澳門居民在橫琴購買社保。

讀完這段內容，你可能覺得雲裡霧裡，抓不到重點。其實，這是一段很常見的專案匯報，由於資訊密度高，有各種繁雜的名詞和資料干擾，因此容易讓人走神。不過，只要你用心觀察，就會發現它在行文中透露了關鍵字、小標題、中心句，比如開頭第一句話「連接廣珠城軌的通道工程，在橫琴已進入收尾階段」，這句話就是一個中心句，它有兩個關鍵字，第一個關鍵字是「連接廣珠城軌的通道工程」，第二個關鍵字是「進入收尾階段」。隨後的幾句話都是在介紹這個通道工程的背景和特點，包括這個工程的管理模式、專案的就業人員特點等等。

第二段第一句話「橫琴粵澳深度合作區的戰略定位之一，是促進澳門經濟適度多元發展的新平臺」，這也是一個中心句，它的關鍵字就是「戰略定位」，因為隨後的幾句話都在介紹橫琴粵澳深度合作區的戰略定位，就是中醫藥科技產業。

第三段第一句話「澳門街坊總會橫琴綜合服務中心，是首個澳門社團在內地成立的社會服務機構」，這也是一個中心句，它的關鍵字就是「社會服務機構」，因為隨後的內容都是在說明這個社會服務機構的作用，以及它目前做出的成績有哪些。

綜上所述，「工程進入收尾階段、打造多元發展新平臺、成立社會服務機構」三個關鍵字就可以提煉出來，作為三個小標題來使用。上面這些句子之所以是中心句，是因為它們所表達的內容或包含的關鍵字，通常都是它前後內容的總結、提煉或概括。

一般來說，說話者在每一個段落或者是新的部分開始前，會稍微停頓一下再開始，這時候你就要注意了。通常來說，第一句會是中心句，幫助你理解接下來他所講的內容，而他接下來講的內容，通常會圍繞前面的中心句。

「三新」是核心資訊

通常應用於演講、新品發佈會、開幕式等。

什麼是「三新」？三新是指說話者在發言時使用的「新概念、新表述、新說法」，通常來說，一個人公開演講主要的目的，就是宣傳自己的「三新」，向外界傳遞明確的資訊，體現自己的社會價值。

二〇二一年八月十五日，舉行吳聲的「新物種爆炸·吳聲商業方法發佈會」。發佈會上，在寫有「向極致去」的簡報大螢幕的背景下，吳聲說了這麼一句話：「極致是一種態度。極致是一種能力。極致是一種商業方法。」

吳聲的話中，有一個關鍵字出現了三次，就是「極致」。所以聽完這一段，你可以清晰地意識到吳聲對於「極致」的高度認可，他的目的是向外界傳達自己對於「極致」這個觀點的新說法。

你是否注意到，日常生活中我們對於一些公共事件的關注，往往是由一些新表述所引發的。二〇二一年七月二十四日，《關於進一步減輕義務教育階段學生作業負擔和校外培訓負擔的意見》發佈，使得「雙減」瞬間成為網路熱議的流行語。雙減，指的是減輕義務教育階段學生的作業負擔和校外培訓負擔。像這些因熱點事件瞬間成為網路熱議的詞彙，幾乎成為該事件的代名詞，知道了這個詞就等於知道了這一事件。

為了增強公眾的認知、提高表達內容的傳播度，主講人在新說法上都會特別下很多工夫。一般來說，新概念、新表述、新說法，大多是新造的詞或者是不同專業詞彙的混搭——而這也是你抓住說話者說話核心資訊的關鍵所在。因此需要你具備對「三新」表達感知上的靈敏度。

總結來說，本節內容講的是學會傾聽，抓住對方講話的核心資訊，聽明白對方的話。首先介紹的是如何才能讓自己專注傾聽，主要是「一抓一排」：抓住注意力，排除干擾因素。關於傾聽的具體方法主要有三個，分別是：確認複述法、找關鍵字法、核心資訊是「三新」，這三種方法可以有效地幫你抓住說話者講話的核心資訊，讓你的耳朵為表達助一臂之力。

第4課

控制時間

在有限時間內高效表達

這一堂課，我們來談談如何在有限的時間內實現高效的表達。

之前，一位電視臺的導演朋友聯繫我，她說電視臺正在為北京某家設計院籌辦一場建院七十周年的晚會，院長會在晚會中進行六分鐘的主題演講，導演希望我可以從講稿的內容撰寫到錄製過程全程參與。於是，我與院長的團隊見面。在接洽時，我跟對方說的第一句話是，「六分鐘的演講需要準備一千字左右的文稿內容，我們就按照這個字數來寫演講稿吧。」

聽到這裡，你是不是覺得有點奇怪，我指導演講時，為什麼不先看看主題、挑選素材，看看演講人的用字遣詞、說話感染力如何？怎麼一上來先從說多少字開始呢？

這就要說到我們要講的主題了，這裡有兩個關鍵字：「掌控時間」和「高效表達」。接下來，我會教給大家高效表達的三大原則，讓你具備掌控時間的能力，並且表達言之有物，能夠起到影響他人的效果。

原則一：掌握時間與字數的關係

說話的基本因素是「時間、語速、字數」，這三者之間的關係非常緊密。在任何場合發言、講話都有時間上的要求，工作和生活中，我們最反感的就是有些人講話拖延，或是說話內容前鬆後緊，看似面面俱但其實缺乏重點。所以，講話的第一步就是按照時間估算字數，這一點實在是太重要了。

前一陣子，我為一位媒體企業的高層做一對一的輔導，由於疫情的原因，現在很多國際的專業論壇主要採用線上會議進行。作為此次線上會議的主持人，她需要在開場時進行兩分鐘的簡短發言，她把發言稿傳給我之後，我打開文字檔先看字數，一看到六五〇字，我就馬上跟她說：「妳的字數超過了。」她按照我的意見刪減了發言稿，果然將發言完美控制在了兩分鐘內。事後她跟我說：「宋老師，幸虧妳發現得早。一般情況下，這種國際論壇對於發言時間特別要求，而我們是會議的承辦方，更需要以身作則。如果作為第一個發言的我就超時，那後面就不好進行了。」

發言時間、表達語速最終決定了你要說多少個字。像跑步的跑速一樣，說話快慢也有一個專業概念：「語速」。一般來說，我們在邊想邊說的情況下，語速是每分鐘一六〇字左右，每個人因為說話習慣會有所差異。如果不需要邊想邊說，語速會快一些，因此字數可以適當的增加一點。

在公開場合說話，很多人語速會變得比較快，這主要是由於說話時神經緊張、內心節奏加快。作為主講人，想要說得快，是可以做到的，但是作為聽眾，在短時間內一下子聽那麼多的內容，很難以消化。如果主講人只顧自己講得痛快，不考慮聽眾的接收能力，就是一種「自私表達」的行為。

很多主持人屬於「快嘴型表達者」，主持的時候嘴巴像是哪吒腳上的風火輪，說得很快，還自認為是表達流暢、思維清晰腦子快。當我指導到這類主持人時，我都會指出這個問題，因為主持人最重要的是表達清楚，而不是快。說得再快，聽眾聽不明白、聽不懂，也是徒勞。所以說，「說得多、說得快」都是錯誤的表達認知。

我們可以在念稿或者說話的時候計時，測出自己的語速，然後按照規定的時間設定稿子的字數。

原則二：時間有限，突出重點

如果讓你在五分鐘之內，把這個月的工作做一個總結，你第一個想到的是什麼？是查看你的電腦，把報告從資料夾中找出來，把這四週的工作拼湊起來？這樣做工作匯報，從一開始就做錯了。

工作匯報不需要全面，而是要「突出重點」，因為時間有限。

現在你把自己所有要說的內容都寫下來，列一個大綱，然後按照重要性進行排序，將前面三項工作作為匯報的重點，其他的工作順帶說一句即可，這才是「在有限時間內高效表達」的關鍵所在。時間有限，只說重點。

事實上，這應該是矯正大多數人表達認知的關鍵。因為什麼都說，就意味著什麼都沒說。

二〇一九年，央視舉辦了主持人大賽，我很多學生都參加了比賽。其中一位學生跟我抱怨說：「宋老師，第一個環節每人只給三分鐘。三分鐘也就五、六百字，但這個環節我想分成五個部分說明，三分鐘肯定不夠呀！」

聽她這麼說，我回答道：「你把五個部分按重要程度做一下排序，把最重要的往前放。」等她排好序後，我們針對這五個部分進行分析，她馬上意識到後面三點的內容可以融入前面兩點裡，最後只需保留前兩點就好。我跟她說，在發言時間有限的情況下，選擇重點內容是高效表達的關鍵。表達的意義在於說重點，而不是說全面。

換句話說，有限時間內的高效表達，不在於「應該說什麼」，而在於「少說什麼，不說什麼、哪些可以合併到一起說」。學會減法，才是高效表達的核心。

東京奧運會上，中國乒乓球隊在先失一枚混雙金牌的不利情況下，頂住各方壓力，最後拿了四塊金牌。劉國梁在男子團體決賽前的動員會上的發言，在網路上廣為流傳，短短兩分鐘的發言，他表達的重點只有一個，那就是「相信自己，殺出去」。因為他明白決賽前，參賽運動員最需要的是鼓勵。這條影音獲得四．九萬個讚，排在第一的留言是：「劉國梁真的是司令兼政委，思想工作做得超牛，鞭策隊員也牛。」他在這兩分鐘的演講緊緊圍繞一個重點來說，看來劉國梁不僅球打得好，也是一個製造金句的表達高手。

一般來說，三到五分鐘的表達，說話者最好採用倒數計時的方法練習。看著時間逐漸歸零，講話人會下意識地把最重要的內容挪到最前面來說。可能有些人會擔心這個問題：最重要的話說完了，還有時間的話，接下來該怎麼辦？

如果還有剩餘時間，你可以解釋剛才說過的內容，或者是跟現場的聽眾做一個小互動，也可以說一下自己參與這場活動的感受。總之，只要你在有限的時間內把重點內容表達完了，你就已經贏得了聽眾的好感，一個專業職場人的形象就確立起來了。

原則三：尊重你的稿子，小心即興發言

前一陣子，我在某單位的事蹟報告會上擔任評審委員，大多數報告人都講得很好，只有一位發言人除外。原來比賽時，他聽了前面演講者的發言，很有感觸，上臺後把稿子一放，一時興起說開了去。這位發言者沒有按照之前的稿子走，而是想起什麼就說什麼。現場的人原以為他只是開場抒發一下，沒想到十分鐘過去了，他還沒有講到重點，臺下的觀眾開始有些小小的騷動。這段期間，他也試圖按原本的稿子去講，但面對密密麻麻的稿子，他已經不知從哪裡開始了。最後，經過工作人員的多次催促，他只能草草收場。

在一些重要場合講話，最好按照自己事前準備的內容來發揮，因為這些內容是你經過深思熟慮後敲定的。如果你確實臨時起意想要說幾句，可以這樣說：「在我正式發言之前，我想佔用大家一分鐘的時間，說一說我對剛才那位主講人發言的一些感受。」這麼說的好處是讓聽眾知道，你的演講分為兩個部分，臨時發言和有準備的發言。當然，臨時發言的時間也需要控制得宜。多說並不意味著好，而是要說到點上，挑重點去講。

以上是三個在有限時間內高效表達的原則，不論是控制語速和字數，還是整理重點內容優先說、預留出即興發揮的時間，這三種方法其實可以用一個專業術語來概括，那就是「時間感」。

時間感是一個比較抽象的表達概念，是指說話者在不看時間的情況下，可以在規定的時間內把重點說出來的能力。比如在奧運賽場上，兩場比賽中間往往只有五分鐘的時間留給記者做賽後報導，這就需要記者在不看錶的情況下，完成報導的能力。

日常生活中，我們可以通過以上這三種方法來練習說話時的時間感，起初你可能需要比較嚴格地計算說話時間、梳理講話重點、鍛鍊即興表達，但通過幾次練習後，你就能明顯地感到自己在說話的時候，擁有更強的時間觀念了。雖然我們不需要像主持人和記者那樣嚴格地掌握時間，但是還是需要具備時間感的表達意識。在講究效率的當下，一個會高效表達的人通常在職場上更受人歡迎，也能得到更好的職業發展。

第5課

好故事是表達的靈魂

學習如何講故事

好的表達都離不開故事。因為故事能讓聽者產生好奇心，進而與講者產生共鳴。業界大佬雷軍在他的二〇二一年演講〈這些年經歷的艱難選擇〉中，講了一個讓人印象深刻故事：

在香格里拉附近的一個國家森林公園裡，雷軍偶遇了一個年輕人，他倆一起徒步，邊走邊聊。年輕人名叫姚聰，二十七歲，是華能集團的一名風電工程師。他在山裡工作，每個月工作二十天、休息十天，雖然偶爾也會覺得山裡的工作很枯燥，但還是把風電事業作為自己的目標。聊著聊著，雷軍突然發現他用的手機是小米8透明探索版。雷軍猜想小夥子沒有認出自己來，就裝作沒看見。他們一起走了大約十公里，離別之際，年輕人才突然說：「雷總，能不能跟你合照？」雷軍愣了一下。

其實年輕人一開始就認出雷總了，只是不想打擾他。年輕人說他非常喜歡小米。小米每次出旗艦版手機的時候，他都會打電話找當地的代理商，叮囑要給他留一臺最好的，等他下山的時候去拿。他說，他買得起任何一個品牌的手機，也用過其他牌子的手機，但最後他還是堅定地選擇了小米。「因為小米不一樣，小米的理念不是賺更多錢，而是選擇了一條更艱難但是更有意義的道路。」小夥子看著雷軍，很認真地說：「我也是一個有追求的人，所以我更喜歡小米。」這段話在雷軍心裡掀起了巨大的波瀾。

雷軍的一次不期而遇，使得他在年輕消費者中找到了知音，這位知音不僅僅喜歡小米手機，更是深深的認可小米精神。在這麼重要的一次演講上，雷軍願意花一些時間將這個偶遇年輕人的故事講出來，可見這段經歷對於雷軍的重要性，而這故事也必將令無數年輕人更加喜愛小米——這就是故事的力量。

我們總會被那些新奇有趣、情感真摯、跌宕起伏的故事深深吸引住，因為好故事是成功表達的靈魂。

「講事」不等於「講故事」

在實際的教學歷程中，我發現很多學生在課堂上練習講故事的時候，往往是「講事」，而不是「講故事」。你是不是有點摸不著頭緒？講事、講故事，一字之差，到底有什麼不同呢？我們先來聽兩個案例，你來區別一下哪個是講事，哪個是講故事：

【案例一】中午同事們一起吃飯，小張說：「昨天我參加一位同學的婚禮，第一次遇到伴娘伴郎不是好友閨蜜，而是新郎新娘爸媽的情況，我們這些人都看傻了。婚禮上，男方爸爸說，在孩子這麼重要的人生時刻，不能做旁觀者，要做參與者。」

【案例二】中午同事們一起吃飯，小張說：「昨天我參加了一位同學的婚禮，第一次遇到伴娘伴郎不是好友閨蜜，而是新郎新娘爸媽的情況，我們這些人都看傻了。等到雙方家長發言的時候，我們才知道是怎麼回事。

「男方爸爸先發言，老爺子是大學教授，身穿禮服，花白頭髮，往臺上一站，真是帥。一張嘴，老爺子有點激動，聲音有點發顫，但畢竟是見過世面的人，他馬上就鎮靜下來：『大家是不是很奇怪，怎麼有這麼大歲數的伴郎伴娘呢？哈哈，其實我們四位的想法很簡單，有一次兩家湊在一起商量婚禮的時候，說到伴娘伴郎的時候，親家母隨口一提，真想給自己寶貝女兒做伴娘，不想錯過孩子一生最重要的時刻，想實實在在地參與其中。親家母這麼一說，我們都覺得這想法很好，所以就做了今天這樣的安排，不知道大家覺得怎麼樣？』老爺子一說完，我們在下面用力鼓掌。」

你聽出來了嗎？第一個案例是講事，第二個案例是講故事。講事是概括的說，兩三句話便可說完。比如公司長官開會就是最典型的講事案例。我們來看下面這段話：

今天開會有兩件事。第一件就是新員工的入職培訓，這件事由培訓部負責，他們到時候會把工作流程以郵件的形式發給大家，其他部門請做好配合工作。第二件事，馬上要國慶日了，人事部門正規劃要去看看退休的老同事們，除了人事部，各部門也要派一個人跟著去，會後這項工作將由人事部跟各部門傳達。

除了三言兩語的表達特點之外，在講事時，涉及人物不會具體描述其心理活動和動作特點，更不會有轉述人物對話的那種情景再現，就只是通知和告知某件事而已。

講故事就完全不一樣了，講故事主要是在描述某一場景，通過刻畫人物心理、肢體動作、人物的表情神態等複雜情節呈現出對人物命運的敘述，呈現方式包含了電影、小說、戲劇、演講等各種形式。在上面第二個案例中，我們可以從小張描述的「男方爸爸上臺後緊張的表情、說話時的語無倫次、與親家商量婚禮細節」等情節中，感受到男方爸爸活靈活現的人物形象，彷彿自己也在婚禮現場，而這位爸爸就站在我們眼前一樣。好的故事會讓聽者產生身臨其境的現場沉浸感。

當你知道講事與講故事的區別之後，就會講故事了嗎？我要告訴你，還不行，你還需要知道如何篩選素材、哪些事可以在表達中發展成好故事，因此接下來，我要教給你的是選取、判斷具有分享價值的素材的方法。

好故事是篩選出來的

相似的人生經歷，有的人講得讓人印象深刻，有人講得彷彿一杯白開水。記得有一次演講課，演講的題目是「我是冠軍」，很多學生講到自己重考的經歷。有一位學生說第一年因一分之差，沒能考上中國傳媒大學的播音專業系，決定第二年再考一次。深冬的東北下了一夜的雪，樓梯臺階上結了一層冰。他早上六點出門上學，一腳踩在冰上摔得生疼，加上對未來的不確定和惶恐，他躺在寒冬的雪地上哭了。

另一個學生說，他第一年考上了一所很普通的大學，雖然不是他理想中的學校，但他覺得也可以接受。開學那天，爸爸媽媽帶著自己去報到，他去了一趟教學樓的洗手間，發現這裡的環境實在令他無法忍受。簡陋的教學設施、掉了把手的廁所門，他一想到自己人生中最美好的四年將要在這裡度過，覺得很不甘心。於是從洗手間出來後，他跟爸媽說：「我不想上了，我要重考。」

你看，同樣以「重考」為主題，一個說的是冬天下雪滑倒，一個講的是一瞬間自己如何受到刺激，心有不甘，主動尋求改變。我想，你已經知道哪個故事更精彩了吧。

在講故事的時候，選取什麼角度、哪些細節很關鍵。這裡要提到一個專業概念，那就是故事的「分享價值」。分享價值越高，故事就越吸引人。那麼，我們該如何判斷故事的分享價值呢？

此處有個原則：「**大人物身上的小故事，小人物身上的大故事**」。「大人物」主要是指知名人士，比如我們如果要講述某主播如何成為頭部帶貨主播①，就可以用他在工作中的一個小故事。比如，他每天下直播後，要檢討分析，還要跟品管人員聊產品，我們可以將關注焦點放在他跟品管人員的對話中。從他日常工作的一個小事件切入，發現他身上的「極致能力」，正是這種極致能力使得他成為業界的頭部主播。

至於小人物身上的大故事，就是要講小人物身上的那些「閃光點」，通過講述閃光點，使得這個小人物的形象變得豐滿起來。比如我有一個學生，說自己參加高中運動會的故事時，提到他們班男生少，最難的一千五百米項目沒有人報名，作為體育委員的他只好自己上。為了跑出好成績，他訓練了二十多天。他講的這個故事有一個細節，我至今都還清楚記得，「為了跑出好成績，我開始訓練，圍著操場一圈一圈地跑，直到我記得跑道邊每一塊小石頭的樣子。」

試想一下，這得跑了多少圈，才能連石頭的樣子都記起來？為了一次運動會，為了一個沒有人報的一千五百米項目，對自己這麼狠的一個人，是不是很值得尊敬？

接下來，分析完了如何選取素材之後，還要掌握講故事的三個基本原則。

講故事的三個基礎

吸引人的好故事，無外乎具備這三點：人物心理的描述、人物動作的描述、跌宕起伏的情節。只要掌握了這三個基礎，就可以掌握講故事的基本方法了。

---

① 意指直播間粉絲多、收益高，且有很多合作的金主品牌的直播主。

人物心理的描述

我們來看一段心理描寫：

我忽地一下子從座位上彈起來，我沒有意識到自己會那麼激動，也嚇了一跳。是的，太生氣了。看著站在車廂門口的農民大哥，再瞅瞅那個衣著精緻的白領女孩，心裡感到憋悶：農民怎麼了？就不能乘坐地鐵、坐位子了嗎？憑什麼這個座位只能給妳這樣衣著光鮮的人坐呢？我偏讓這位農民大哥坐，我把自己的座位給他，看妳怎麼辦？

「大哥，我要下車了，你過來坐吧！」

這段是很典型的心理描寫，對心理活動的描述是講故事常用的手法，這方法就是把一個人的心理活動，用語言外化出來，很需要說話者細膩的情感描述能力。

人物動作的描寫

那人物動作怎麼描寫呢？還是這個故事，我們接著講：

「大哥，我要下車了，你過來坐吧！」

瞬間站起來的我，快步走到車廂門口。聽我這麼一說，大哥一下子愣住了。看到眼前這位大學生模樣的女孩子，大哥下意識地拉了拉手上的編織袋。車門開了，我逃跑似地衝出了車廂，本想直接向出口走去，可是我還是轉過身想去看看車廂裡的大哥。砰的一聲，車門關上了。車門裡的大哥，抬起手，對著我無聲地說：「謝謝。」

這一段故事將重點放在人物的動作上，形象生動地塑造了兩個人在這個物理空間中各自的情緒變化。

跌宕起伏的情節

我的師姐，原央視新聞節目主持人李小萌在她的抖音、影音號上，講過一個故事

〈我拿什麼感謝你，我的兒子〉，這個影片有十分鐘之長，播放量達到了二．六億，評論量十萬條以上，這故事之所以如此吸引人，就是在於情節的跌宕起伏。

有一位賣海鮮的中年女性命運多舛，公公婆婆患病多年，由她照顧到終老。老公因為工傷癱瘓在床，自殺未遂。她最大的安慰是有一個極其懂事的兒子。這位媽媽寫給即將上大學的兒子一封信中，包含了三個小故事：小學的時候，媽媽去開家長會，兒子絲毫沒有因為媽媽穿著賣海鮮的圍裙而感到丟人，班主任大讚兒子懂事。國中的時候，癱瘓的父親自殺，兒子第一時間發現並送到醫院，處理得差不多了才告訴媽媽，並要媽媽不要責怪他。兒子還想辦法幫爸爸找事做，讓爸爸重新燃起生活的信心。高中的時候，兒子發現媽媽唱歌好聽，鼓勵媽媽努力練習並替她報名參加了《星光大道》。這三個故事層層推進，把兒子的成長與這位母親的艱辛細膩展現出來，感人至深。

三個故事由淺入深，表現出的情感也漸漸濃烈。「讓媽媽唱歌」尤其是這個故事的靈魂，證明殘酷的生活打不倒樂觀的人。

就像我之前講的那樣，從故事的分享價值來看，這三個小故事都很棒。人物心理和人物動作也很豐富，比如家長會上，兒子遞水杯給媽媽，領著媽媽坐下；爸爸幫鄰居剪頭髮，兒子在一旁招呼鄰居，端茶倒水等。

長達十分鐘的故事，我前前後後看了四五遍，每一次都淚流滿面，故事好，師姐李小萌講得更好。好的故事，更需要好的表達，真誠是表達最大的武器。

總之，想講好故事，先從觀察自己的日常生活開始，比如在通勤路上看到了什麼、等電梯的時候發生了什麼故事、在社區散步時看到了什麼。平時多觀察、多記錄，就能積累自己的故事素材。

還有一個比較方便的辦法就是看電影或電視劇、影片資料等，然後把你最喜歡或者最感動的片段講給別人聽，通過觀察聽眾的反應，看看講到哪裡他們聽入了神，哪裡會讓對方跑神，來判斷自己所講故事的精彩程度。通過不斷的練習，讓自己慢慢成為一個講故事高手。

在閒聊中為自己贏得好機會

2 瞭解型表達

第 6 課　用好簡歷和表達力拿下職位
第 7 課　理解問題，分層回答，保留餘地
第 8 課　用表達贏得客戶和訂單
第 9 課　聰明閒聊，不留痕跡地贏得機會
第 10 課　說對話，讓自己更值錢

第6課

用好簡歷和表達力拿下職位

適用情境：求職面試

通常求職應聘分為兩部分，第一部分是投遞履歷，通過篩選後才會進入第二部分的面試環節。因此，我們從簡歷如何寫（文字書寫），以及面試如何說（口頭表達）這兩個方面，來說一下如何求職。

好簡歷是打開面試的金鑰匙

每年畢業季學生找工作的時候，我都會幫我的學生看看簡歷。這麼多年我看過的上千份簡歷中，我注意到那些進入一流公司的學生，他們的簡歷都下了很大一番功夫。從排版到內容，從個人經歷的描寫到個人評價的表述，甚至包括形象照片的選擇，幾乎每一項都經過了細緻的修改。

簡歷是「面子」，面試是「裡子」。光鮮的面子是打開面試大門的鑰匙，而厚實的裡子是拿下工作職位的關鍵。不論是應屆畢業生，還是工作了幾年想跳槽換工作的職場人，不同年齡層、不同行業的人，在求職上所面臨的問題是一樣的。

整體美觀度

對於面試官來說，他首先在意的是這份眼前的簡歷，看起來有沒有閱讀壓力。

什麼是「閱讀壓力」呢？簡單來說，就是簡歷是否有排版過於密集、行距過窄、標點使用錯誤、照片過度修飾等問題。如果出現上述問題，面試官很容易就缺少繼續看下去的動力，這就是閱讀壓力。

工作經歷

撰寫工作經歷時，需要具備以下三大意識：

- **平臺意識**：描述你所工作的平臺。
- **專案意識**：你參與或主導了哪些有亮點的專案、做出了哪些成果。
- **具體描述意識**：你在此平臺的這個專案中，做了哪些具體工作內容。

當你具備這三個意識後，撰寫出來的簡歷就能滿足面試官對於一份簡歷的基本需求。為什麼要在簡歷裡加入具體工作內容描述呢？其實，這是你給面試官準備的一個提問「臺階」，面試官作為你所應聘行業內的專家，通常對你的工作性質有所瞭解，但對於你在專案裡具體的工作內容，不一定很清楚。因此，在簡歷裡加入具體工作內容描述，面試官就會對其中感興趣的部分進一步提問，而這恰恰是你可以提前做好準備，並在面試中表現出色的部分——因為所有的精彩都是準備出來的。

自我評價

如何自我評價呢？簡歷中都會有自我評價的板塊，你是不是也常用這些詞來描述自己：性格活潑開朗，為人踏實努力，做事嚴謹靠譜，具有一定的合作精神……

其實，這個看似很普通的簡歷板塊，卻暗藏玄機。

國內某知名企業的HR是我的學生，在跟我交流如何面試員工的時候，曾說很多人就是因為自我評價這一塊出問題，而被她拒之門外。在面試的幾十分鐘裡，她對這個人的瞭解已經八九不離十了。面試的最後，她總會拋出這個問題，目的就是看看這個人對自己的個人評價是否與她的判斷相吻合。如果一個人連對自己的自我評價都說錯，就會被她認為不合格。也許你會覺得這位HR是不是有些太主觀了？但我想告訴你的是，做了十五年的HR，跟無數的人一對一深度交流，她看人、識人、辨人的能力，不是一般人所能想像得到的，這是無數場面試經驗打造出來的硬實力。

因此，很多人有幸進入面試環節，卻輸在了表達上。接下來我們就來講講面試中應該如何表達。

增加好感度的自我介紹

去一家公司面試，想要在有限的時間內說得頭頭是道，你需要做哪些準備？自我介紹環節怎麼表達才合適？接下來，我來告訴你怎麼說才好。

面試第一個環節就是自我介紹，最保險的做法是寫逐字稿，一般來說，三分鐘的自我介紹，準備五百個字就差不多了。對於面試官來說，自我介紹是他全面觀察你這個人的素質、談吐、業務能力、性格的關鍵環節。在這三分鐘的時間裡，如果你能將這幾點介紹清楚，對方就會對你有好印象。然而，想要引起面試官的注意，你可能需要採用一些別出心裁的表達方法，因為面試官要面試那麼多人，只有講得不一樣，才能讓對方記住。這裡會教大家兩個方法：故事法和聯繫法。用這兩種方法設計自我介紹的開頭，更容易讓面試官記住你，對你產生好感。

例如，你去一家網路平臺公司面試，如果採用故事法做自我介紹，你可以這樣說：

各位好，我叫〇〇〇。前天晚上我跟媽媽視訊，她得了重感冒，爸爸出差，晚上八點了她還沒有吃飯。老媽最喜歡一家老店的雞湯餛飩，我立刻下單，備註裡寫了多加香菜。二十分鐘後老媽傳了一張照片給我，熱氣騰騰的餛飩擺在她面前。公司的外送平臺，幫我這個在外地工作的女兒盡了孝。今天來面試小編，是想為這麼便利的平臺好好工作。

將自己工作的初心放進故事中，這種故事型自我介紹讓人印象深刻，即使沒有記住你的名字，面試官也會記得那個為媽媽訂餛飩的姑娘。

如果採用聯繫法做自我介紹的話，你可以這樣說：

各位好，我叫〇〇〇。去年我帶領團隊製作了一部微電影《開鍋請下筷》，這部電影上線當天就進入熱搜前十名，話題評論量二十萬以上，很多官微、美食博主紛紛轉發。在這部電影裡，我拍攝了很多店家在〇〇外送平臺上熱銷第一名的品項，沒想到一年後，我竟然來到了這個外送平臺，應聘內容製作的職位。過去我是平臺使用者，今天有機會成為平臺內容製作者，我想，五年的業界經驗培養了我極強的專業敏感度，更希望這些敏感度可以用在我們這個便利的美食平臺上。

聯繫法主要是把自己的經歷與面試結合起來，讓面試官瞭解你的特長。如果你採用這兩種方式來設計自我介紹的開頭，一定會引起面試官的注意，在面試的第一個環節拿下高分。

幾乎所有的面試都會有自我介紹的環節，這是你向面試官推銷自己至關重要的環節，很多人卻頻頻踩雷，剛上戰場就把自己給「埋」了。接下來我把自我介紹環節中，出現頻率最高的四種地雷類型總結如下，這些面試地雷，你千萬不要踩。

一念到底型

很多人認為自我介紹，就是把簡歷上寫過的個人履歷再照著念一遍，但如果你去面試官前這樣念的話，這時候，面試官通常會說：「簡歷上的內容我都看了，你不用念了。」簡歷上的內容只是提綱，詳細介紹才是你應該做的。

惜字如金型

還有一些人認為自己的介紹早就寫在簡歷裡了，面試官都看過了，自我介紹就是跟面試官打個招呼，面試不就是「對方提問我回答嘛」。抱著這種心態去面試，你就把「主動表達」變成了「被動回答」，是很可惜的事。

滔滔不絕型

與簡單介紹形成鮮明對比的是「滔滔不絕型」的面試者，當面試官說「給你三分鐘做一個自我介紹」後，面試者心想總算是給我說話的機會了，一張嘴說話就沒有逗號和句號，猶如啟動的馬達，亢奮地說個不停。然而，這種自我介紹同樣會把面試官嚇跑的。

自我中心型

有些面試者覺得自己以往的工作經歷非常漂亮，對面試勝券在握，於是在自我介紹環節時，在用詞和語氣上有些高姿態，處處表現出「你們能請到我這樣的專業人士是多麼幸運呀」的傲慢姿態。遇到這種面試者，面試官通常都會敬而遠之，因為公司招的是踏實做事的員工，不是浮誇傲慢的「前輩」。

以上四種情況，在面試的自我介紹環節中是比較典型的地雷類型。除此之外，還有聽不懂面試官問題、對自己以往的工作經歷誇大其詞，甚至編造一些工作經歷哄抬自己的錯誤行為，這些都是工作面試中自我介紹環節的大地雷，千萬不要踩。

為自己加分的表達策略

能力畫像的描述

先問你一個問題，面試的時候，跟面試官介紹工作經歷的目的是什麼呢？

有的人會說：「讓面試官知道我做過了什麼。」有的人會說：「讓面試官知道我做過的工作，跟他們招聘的職位有關係。」以上這些想法，都只說對了五十％。事實上，面試官是一邊聽你介紹工作經歷，一邊描繪你這個人的「能力畫像」，並將你的能力畫像與招聘職位進行對比，看看你這個人身上的哪些能力適合這個職位，所以，你以往的工作經歷是為「能力畫像」服務的。

比如，你將應聘一家企業的行政事務部，主要往來的是政府部門。以往經驗告訴你，你需要充分利用工作日下午的時間與對方進行專案溝通，因為政府部門上午通常會有部門會議或長官接待，而一些重要文件必須本人親自送到政府部門的辦公處。當你詳細介紹這些過往的工作習慣後，面試官就會意識到你符合他們對面試者「熟悉政府部門往來工作流程」這個能力要求，是做這方面工作最合適的人選。

「精準投餵」思維

我有一個學生留學回國後找工作，一家著名的外送平臺對她很感興趣，經過五輪面試，最後她成功地拿到了錄用通知。

談起自己這次面試的成功，她說：「我這次面試採取的是『精準投餵法』，我競聘的是媒體公關總監，出國前我在國家級媒體企業有五年的記者工作經驗，跟他們這類公司打交道的經驗很多。我只說了三件事，都是關於公司因為負面新聞被迫要接受媒體採訪的例子。我分別從不同角度證明了自己的突破能力，重點介紹了我是如何成功獲得採訪和調查機會的。我所說的突破能力，主要是指打開工作局面的能力，比如被採訪者一直不接受採訪，我會想方設法說服對方接受採訪。反過來說，我做為公司的媒體總監，就知道如何去應對想說服我們接受採訪的媒體記者。我還可以看出來採訪提綱中有那些會讓我們掉入陷阱的提問，以及我強大的媒體人脈可以幫助公司做好推廣和輿論工作等。」我這位學生擔任記者五年期間，報導過很多這類新聞，她在面試的時候只選了跟這家公司市場背景、輿論環境相似的案例來說，這種「精準投餵」的面試思維幫了她大忙。

抓取痛點法

對於面試者來說，把應聘公司的發展現狀、公司對應聘職位的能力要求以及公司招聘員工的真實目的瞭解到位，是很重要的事。

我的一位朋友，在大廠工作五年，因為個人原因不想繼續在外地工作，想回北京。在得到一個面試機會後，她將該公司最近三年的發展戰略、行業變化以及擔任該職位的前人相關資訊都進行了一番研究，她說：「我從這家公司的網頁、最近三年媒體報導過的公司新聞、公司高層參與的行業論壇、公開演講或者接受媒體採訪的節目、離職的那個人在社交媒體上發佈過的資訊等各方面進行了研讀。結合自己以往在大廠的工作經驗，過五關斬六將進入了『終面』，最後成功拿到了錄用通知。」

談及面試，她說：「面試就像打仗，不僅要帶好武器，還得看對方的佈防和參戰人員。我抓住了公司目前發展中遇到的問題，之前離職的人是因為沒有能力解決才走的，而我恰恰在這方面擁有豐富的工作經驗和人脈資源。所以我在面試時，重點談了公司的困局所在，我在這職位上會如何去拓展。我抓住了公司的痛點，所以才有了機會。」

主動提問法

不是所有的面試都能獲得一份工作，有的面試增加了面試經驗或者評估了個人的市場價值，還有一些面試幫你發現了自身問題，你可以從一次面試中有所收穫，你也需要具備這種面試思維。

最近我的一個學生打算從網路企業轉行到實體企業，某產業的一家指標公司發給他面試通知，第二輪面試官是企業HR兼副總裁，他對我的學生非常滿意。由於他競聘的職位特殊，最終面試將由總裁親自主持。在第二輪面試的最後，副總裁問他有什麼問題想問的，他想了想說：「從看到我的簡歷到您的下屬跟您匯報第一次面試我的感受，再到今天您親自面試我，您覺得簡歷裡的我和實際見到的我，有什麼不同嗎？」

這位副總裁沒想到他會問這個問題，先是肯定了他的工作態度，也誠懇地說出了自己的想法。最後副總裁問他這麼問的原因，他說：「您是資深HR，看的人多，我想知道如果我沒有機會來您這裡工作，我到底哪裡不行？我應該怎麼提升自己？」

我的學生問的是「簡歷中的自己」與「現實中的自己」各自給對方留下什麼印象。其實他還可以這樣問：「公司現在重新招聘這個職位，你希望應聘的人在哪些方面的能力比之前離職的那個人更好？」，或者「你覺得我還需要在哪些方面提升自己？」

主動提問法並不一定是為了拿到這個職位的錄取通知，更多的是透過面試獲得一位資深HR的提點。「聽君一席話，勝讀十年書」，有些時候，我們在工作中用的是拙力，聽完對方的指點，我們可以用一點巧勁。一場面試對於面試者來說，不僅僅是一次工作機會，更是在市場背景下對個人市場價值的一次衡量，也是一個職場人瞭解自己、直面競爭對手的有利時機。學會從面試中汲取營養，是我們需要具備的能力之一。

最後還要提醒你，注意聽清楚對方的提問。面試的時候，不僅僅是自己說，還要注意聽，特別是要聽清楚、聽明白面試官的問題。如果你沒有聽明白，可以採用複述的方式確認：「您的提問，我是這樣理解的……您看對嗎？」如果你理解錯了，面試官會糾正你。很多時候，面試官對你產生不好的印象，也跟你答非所問有關。

第7課

理解問題，分層回答，保留餘地

適用情境：開會匯報

前幾天，學生小王約我吃飯，一見面就跟我大吐苦水。原來，他所在的團隊剛剛結束一個專案，小王代表團隊向公司管理層匯報。為了做好匯報，團隊還特意安排兩位同事幫他整理內容，並花心思製作了精美的投影片。本以為準備充分，沒想到在回答問題的時候，出了狀況。有一位長官的提問，小王沒聽明白，回答時結結巴巴，結果引起長官的不滿。

工作中，我們經常要做專案總結、工作匯報，之後還要回答長官的提問。類似以上的場景，需要你聽清問題，分層回答，並且為自己留餘地。

面對他人的提問，我們可以從「辨別性傾聽」和「理解性傾聽」兩個角度去理解對方的問題。辨別性傾聽是指聽者對於提問的目的進行有針對性的辨析，而理解性傾聽是指聽者對於提問者所提出問題的內容要有所理解。即使是一個小小的提問，想要回答好，也需要你把各方因素考慮周全。

一般來說，一個發問者通常有以下幾種發問目的：

- 真心討教型：提問者的問題很直接，就是向你討教解決方案。
- 重複囉唆型：為了讓對方明白自己的意思，反覆解釋和強調某個話題。
- 故意挖坑型：提刁鑽的問題，故意挖坑給你，讓你踩。
- 自我吹噓型：提問者通過提問顯示他自己的能力多強。

怎麼判斷提問者是出於哪種目的提問的呢？

真心討教型，這類人通常提的都是實際問題，需要你給出具體方法，你可以感知到他真誠的態度。

重複囉唆型是為了讓對方明白自己意思的人，最明顯的特點是提問思路不清，同樣的話一再重複，反覆囉唆是比較明顯的表達特徵。

故意挖坑型是借提問設下陷阱的人，最明顯的特徵是說話的語氣有些陰陽怪氣，或者是咄咄逼人，因為要看你的笑話，所以缺少善意，表達就會露出狐狸尾巴來。

自我吹噓型是通過提問彰顯自己能力的人，比較好辨識，因為他一定會把自己做過的事情一一羅列出來，以便顯示他自己的與眾不同。

對於不同的提問目的，我們應該如何應對呢？我總結出了回答問題的三個步驟：

● 第一步：理解問題，即用理解性傾聽的方法，梳理出問題，便於回答。
● 第二步：辨別問題，用開放性回答，為自己爭取話語權。
● 第三步：回答問題，定時定量，對難以回答的問題要為自己留餘地。

接下來我們分別來說說這三步應該怎麼走。

理解問題：聽清問題，排除干擾

我們只有聽清了對方、理解了對方的意思，才能回答問題。通常來說，提問者的哪些表達行為會影響我們理解問題呢？

分辨鋪陳，找出問題

很多人在提問的時候，擔心自己的問題對方聽不懂，就會在提問前說很多鋪陳和解釋的話。比如下面這個提問：「聽了你的介紹，我大體上瞭解了這位主播的帶貨情況，看來你們直播間主要還是以自然流量為主，用戶中七十%是男性，年齡在二十五歲到四十五歲，物流是大平臺，選品主要是3C產品，以百元以下的中低價商品為主，四個小時銷售額一百萬元，數據也不錯。為什麼是一周直播一次，而不是像其他帶貨主播那樣一周直播兩、三次呢？」

這個提問是典型的「長鋪陳」加「短問題」的形式。這種問題不難回答，只是比較消耗你的注意力，因為前面的鋪陳較長，會干擾你的判斷。

邏輯混亂的提問，先確認再回答

如果提問者說話思路不清，回答者可以先確認再回答。當他人提出問題，回答者不明白什麼意思的時候，與提問者一起搞清楚問題，確認好提問內容是最好的表達策略。

還是直播帶貨這件事，如果對方這樣問：「我看了一個小時，這是你們第三次帶貨，一周帶一次的頻率並不高呀？你們帶的都是3C產品，我看其他主播，勤快一點的天天都在直播呢。在你們直播間下單的目標受眾跟L主播直播間的目標受眾是不是差不多呀？你們插座秒殺價是二十九．九元，我也下單了，正缺一個呢，價格真便宜呀！」

這個提問聽起來就是雜七雜八的，提問者的邏輯比較混亂。面對這種提問，你需要先跟對方確認問題。比如你可以這麼說：「感謝您在直播間下單，今天晚上的這一百萬營收也有您貢獻的一部分（這句話是用於拉近關係的）。聽完您的提問，我想，您的意思是為什麼不增加每週直播的頻率，以及怎麼跟L主播形成差別，是這兩個問題吧？」

當提問者思路不清、表達不明的時候，作為問題的回答者，跟對方確認提問內容，就已經佔據了主動地位。因為在確認問題的時候，你可以把問題向自己擅長的話題上引，從而佔據有利地位。通常發問者聽你這麼說，第一反應是他自己沒說明白，下意識地會產生自卑的心理，原本咄咄逼人的發問氣勢，也被打消了很多。

辨別問題：用開放性回答應對閉合性提問

有些提問，你只需要回答「是」和「不是」；有些提問，你卻需要解釋很多，才能把問題回答完整。來看下面這兩個提問：「這個簡報是你還是他做的？」、「這個簡報是怎麼做出來的？」

這兩個問題，你能聽出來有什麼差異嗎？

對於第一個問題，你的回答通常是「是」或者「不是」。對於第二個問題，你可能會這麼回答：「簡報的內容是我們團隊幾個人一起寫的，然後由小A排版設計。」

很明顯，第一個提問屬於「閉合性提問」，第二個提問屬於「開放性提問」。在匯報答疑時，對方提的是開放性問題還是閉合性問題，會直接影響你的回答。提問者如果只想得到肯定或者否定的回答，他們就會使用閉合性的提問，而這類提問對於回答者顯然是不友好的。對於回答者來說，開放性的提問有利於自己去進一步解釋和說明。所以，如果對方使用閉合性的提問，你要試著去補充說明，為自己爭取更多的話語權。

回答問題：定時定量，留有餘地

回答問題的時候，你可以採用「定時定量」的方法。所謂的「定時」是指在一定的時間內回答完問題；「定量」是指僅圍繞提問者的問題來回答，最好不要隨意拓展，防止自己答非所問、說話跑題。多長時間合適呢？通常來說，三分鐘是比較合適的選擇。此外，在回答問題時，你可以採用「順序表達法」將自己的觀點表達清楚。

還有一個回答問題的技巧，那就是「給自己留餘地」。作為回答者，最擔心的是對方的提問，你沒有辦法回答。對於沒有辦法回答的提問，你可以用以下方式應對。

大家看電視新聞節目的時候是否注意到這種情況，棚內的主播向身在新聞現場的外景記者提問：「張軍，聽完你剛才的介紹，我們對現場的情況已經有所瞭解了，我注意到就在我們連線的時候，你身後的船隻剛剛抵達救援現場，他們接下來的工作是什麼？」顯然，記者對於現場最新發生的情況是不知情的，可是主播問了，記者又不能不回答。這時候，記者通常會這麼處理：「主播，就像你看到的那樣，現場的救援團隊還在源源不斷地增加，我們的救援工作正在循序地進行，這艘剛剛抵達救援現場的船隻，我們會在結束連線後前去採訪，在下一個連線時段再報導給大家。」

你會發現這位記者採取了緩兵之計。我們在回答問題的時候，也有可能遇到一時無法回答或者是不便在公開場合回應對方的情況。這時候，你可以這麼跟對方說：「張總，回答這個問題，我需要根據資料跟你說明，你看這樣可以嗎？會後我去把資料列印出來，我單獨跟你說。」

從公共場合改成私下的一對一，這對你來說，心理負擔會減輕很多，這種為自己留有餘地的處理方式，既可以保全大家的面子，也可以更妥善地回答對方的提問。因此，當你遇到實在難以回答的問題時，你可以用這種方法為自己保留餘地、爭取時間。

第8課

用表達贏得客戶和訂單

適用情境：應對客戶

我的朋友Ｌ是一家互聯網公司的行銷總監，最近她在工作中遇到了一位說話邏輯不清楚，還喜歡出主意的客戶。每次雙方坐下來開會，會議室就成了這位客戶一個人的聊天室。這位客戶屬於想到哪說到哪的人，但朋友Ｌ聽完客戶的需求，說道：「李總真是想像力豐富。剛才聽您講了四十分鐘，我大致聽明白了，接下來我把您說的內容整理一下，跟您確認一下您的需求吧。」

接下來，Ｌ把對方的需求歸納總結為四個方面：「李總，以上就是我按照您的意思整理出來的內容，您看看我理解得對不對，哪些地方需要修改？」朋友Ｌ一說完，這位李總特別開心，大聲說道：「你們看，我說的Ｌ總監都明白，太好了。」

與這種客戶打交道，朋友L可謂是經驗滿滿。L說，其實像這種客戶有個優點，就是他能把自己的需求說出來，雖然邏輯比較混亂，但是我們梳理清楚，再跟他確認就可以了。先肯定對方，然後將對方說的話梳理好，當你發現有些地方梳理不通的時候，可以按照自己的理解去解釋，這種不直接指出客戶問題的表達方式，一方面顧及了客戶的面子，一方面也可以順利推進工作。

我的另一位好友在大廠工作，有一天跟客戶吃完飯，她囑咐下屬買點水果送給客戶。想著這麼點小事，下屬去辦一定沒有問題，她就沒有放在心上。等下屬買完水果，她在飯店大廳正好遇到了。看到下屬手裡拿的水果，她差點沒暈倒。下屬買了一大顆西瓜和火龍果、香蕉，還有一盒家庭號的優格。好友告訴下屬說：「既然買水果，那就要買切好的水果，並準備好小叉子。優格應該買小瓶裝，不要買家庭號。我們這是商務工作，不是家庭旅行！」

說到這裡，你是不是聽出來了，無論從事哪種工作，接待客戶不僅需要我們的專業性，還需要服務性，這兩點缺一不可。這裡的專業性既指工作內容上的專業度，還指處理與客戶之間各種小摩擦的技巧；而服務性主要是指商務禮儀、人性化服務，以及社會交往中的人情世故。

研究目標客戶，幫他打敗對手

接待客戶的過程中，體現專業度的地方很多。比方說接待政府類的客戶時，你需要去提前瞭解這個政府部門，也就是我們常說的「跑專線」，瞭解所負責的行業和領域最近頒佈了哪些新政策。如果你想讓客戶覺得你夠專業，一些政策方面的專有名詞、新說法、新概念你都需要知道，做好這些功課，是跟客戶往來的必要工作。與客戶有共同語言，才能讓對方知道你是內行人。

此外，要知曉與客戶相關的案例。比如A部門想跟你們合作，為某貧困縣市的稻米做一次直播帶貨。這時候，你可以把之前你們跟B縣合作的「金山銀山旅遊風景區直播帶貨」案，作為提供參考的案例。所謂的專業度，是你主動與客戶溝通，以內行的語言展示專業的內容，讓客戶充分認可你的業務能力。

與客戶合作，最好還要瞭解客戶的競爭對手做過什麼。如此一來，客戶會覺得你不僅在為他提供服務，還在幫他打敗競爭對手，更能顯示你的專業度。

讓客戶產生「沒你不行」的心理

想要拿下客戶，你得讓客戶覺得這項工作沒你不行。要怎麼讓客戶產生這種心理呢？其實，與客戶交流的過程，就有機會讓客戶產生這種心理。以下是四個步驟：

第一步：傾聽客戶的需求

客戶在說明需求的時候，如果你哪裡沒有聽明白或者聽清楚，不要打斷對方，給客戶充足的時間把自己的需求清楚、完整地講出來。然後運用聽辨能力，抓住客戶的核心意思，例如注意他反覆強調的詞彙、記住他提出的要求，因為這是客戶的需求底線。

第二步：確認客戶的需求

等客戶說完了，你要依據對方的需求進行二次確認。在確認的過程中，把你之前沒聽明白的地方講出來。需要注意的是，與之前客戶闡釋需求不同，這時候是你們雙方相互確認需求。在你來我往的交流過程中，要留心那些性格上猶豫不決、無法給你明確說法的客戶。

在交流中，可以使用一些常規話術，讓客戶感受到你把他講述的內容進行了有效整理。你可以這樣說：

馬總，聽你這麼一講，我對於目前貴公司的發展現狀有所瞭解了，公司可以做到這個規模，顯然得益於你的領導。剛才你說的這些需求，我試著做了一些歸納，你看看我的歸納是否符合你的意思。以下是我試圖從三個方面理解這次合作案：

第一點，黃金位置最重要。我們這次展會的位置是一號廳正中，這麼好的位置，我們要好好利用，就把下個月公司新推的主力產品放在那裡。

第二點，互動式體驗是王牌。展覽的重點是用戶體驗，所以我們的互動區域，要滿足互動和人員的上下場。

第三點，奧運冠軍為國貨冠軍站臺。這個點子是你想強調「雙冠」齊下的理念。

剛剛你提到的關鍵字是：看見、體驗、「雙冠」齊下。你看，我歸納的這三點是否合適，關鍵字是否正確？

這個話術的結構是：肯定對方→總分總[②]進行歸納→主動請求對方指正自己。這種話術結構給足對方面子的同時，也讓對方看到了你整理歸納的能力。歸納需求對於你來說是個麻煩事，但是這個麻煩事會給你帶來好處，更有利於你拿下客戶。當客戶發現你是一個腦子靈光的人，知道他想要什麼，對你的好感度增加，信賴度自然也會提升。

② 是一種寫作結構，「總」指的是文章的總起或總結，「分」指的是分層敘述，因此「總分總」的結構是先拋出文章的核心思想，再分別敘述、層層深入，最後呼應開頭，加以總結。

第三步：將需求文字化

經過第二步你來我往地反覆確認需求之後，你需要將這些需求文字化，在現場讓對方簽字確認。如果你是把需求記在電腦上的話，一定要把這份記錄發給對方，讓對方回復確認。如此一來，才能防止客戶事後反悔、變卦，更好地保護你這一方。

在這裡強調一下，最好的記錄方式是用筆或者用筆電記錄。有些人習慣用腦子記或者用手機記錄，這種記錄方式，在客戶眼裡容易成了不專業的表現。畢竟好記性不如爛筆頭，這時候爛筆頭的作用更大一些。

文字記錄，釐清責任

無論是面對面的開會，還是線上的視訊會議，只要是與工作有關的小組討論、與客戶接洽，都需要一份會議紀要、意見共識。

會議紀要主要包括：會議主題、參會人員、會議時間。會議紀要還要把開會時討論完、確認過的事項注明，討論了一部分、還需要進一步商討的事項也要進行記錄。

具體的寫法，你可以套用下方的這個範本：

各位好，以下是本次會議的紀要，請各位查收。

會議主題：關於孵化〇〇醫院李明醫生個人IP的短期會議

會議時間：二〇二一年九月二十日下午兩點至三點

參會人員：〇〇醫院宣傳幹事張軍、〇〇醫院醫生李明老師、MCN公司運營李雪、內容創作部王真

會議已確認事宜：

(1)李明老師本人同意IP孵化項目。

(2)李明老師拍攝用文稿、攝影棚和化妝間、拍攝時間已訂下。

尚未確認事宜：

(1)與李明老師簽訂的合約，目前正在跑法律流程，預計本週五合約可以通過審

核，週末寄到李明醫生手上。

(2) 合約簽訂後，李明老師才可以拍攝宣傳平面照，我們已經預約了拍攝，下週二進行拍攝，週四交件。

工作內容一律化為書面

每一次會議後，類似這種會議紀要、意見共識要整理出來，提供給參會人員，並需要所有參會人員回覆確認才行。如果有什麼不同意見，可以隨時溝通修改。

就拿上面這個專案來說，雙方需要簽訂的合約正在走法律流程，預計週五通過審核，週末寄到李明醫生手上。將時間安排落實到書面上，並經各方確認，才能避免下週二已經預約的平面宣傳照拍攝受到影響。

客戶配合須寫清，避免背黑鍋

需要客戶配合的工作內容要寫清楚。比如客戶不提供樣品，我們這邊就沒有辦法進行樣品的拍攝工作。你和客戶都需要知道下一步要如何配合，這些相互配合的工作也需要落實在書面上，讓客戶簽字確認，防止後續工作推進不暢，客戶把責任推給你。

特殊要求說前頭

還有一些工作的推進需要很多前提條件，如果客戶一直沒有看到成果，你這邊也會很被動，因此你在前期接洽工作的時候，就要把客戶的特殊要求以及先決條件講清楚。

向客戶展現專業的一面

客戶提需求時，他會把你只當成執行方。在客戶眼中，提需求相當於下指令。遇到有概念的客戶，你們可以在一個認知層面上交流，客戶提出的往往也是合理和可操作的需求。但有些時候，客戶是大外行，外行提出的要求對於你來說一定是痛苦的。這時候就需要你控制客戶的需求了。

從需求研究客戶畫像

從客戶提的需求中，你能瞭解客戶的思路是否清晰、脾氣性格是否好交流、專業水準是否高等情況。

面對強勢客戶，避免直接衝突

如果客戶屬於強勢派，講起話來咄咄逼人，那麼即便他說得不專業，你也不要直接反駁他，避免正面衝突。這時候，你需要利用自己參與過的成功案例證明自己的專業實力，達到間接說服客戶的目的，最終讓他按照你的意見來做。

除了展示你做過的成功案例之外，你還可以深度分析客戶的競爭對手，這對於客戶來說是認知層面上的矯正，也就更容易說服客戶。

團隊力量大

見客戶時，最少要兩個人前往，也可以幾個人組成一個團隊去。既能顯示自身實力，讓不同專業的同事提供更為細緻的高品質服務。下面是一則話術範本：

我們為貴公司新產品拍攝宣傳短影音的導演，是業界大咖○○○，他會來談談創意發想。這是知名攝影師○○○，這次拍攝他將採用第一視角的方式來講故事。我們的錄音師、剪輯師、編導等也都來了，他們每一個人都會從自身角度出發，對項目如何運作進行分類分項說明。

利用團隊內的組織架構和實力讓客戶產生信賴感，以這種方式與客戶交流，會讓客戶覺得這是一個高品質的團隊。

當客戶談完需求之後，你們這一方最好透過投影片表達你們的構想，加入圖片和影音資料，利用視覺元素輔助，能夠讓客戶更好地理解你們的想法。

總之，與客戶面談之前，一定要準備好各種資料，讓客戶感受到你們的專業能力，為後續的合作奠定基礎。

第9課

聽明閒聊，不留痕跡地贏得機會

適用情境：聚會閒聊

我的學生小劉最近開始創業，找到投資人開了一家化妝品公司。前幾天是他生日，平日裡關係親近的幾位學生聚在一起為他慶生，這幾位都是上班族，聽他聊起創業事，我們都覺得很新奇。從找投資人、技術方，到結識業界大咖，大家聽得大呼過癮。在銀行工作的小鄭聽著聽著興奮起來，不斷向小劉喊話：「我乾脆辭職跟你做吧，我去幫你做直播、去拍短影音怎麼樣，我在銀行就是負責這一塊，有經驗呀！哈哈……」

小劉聽小鄭這麼說，沒有立刻接話。晚上到家之後，小劉打電話給我：「宋老師，我不是要讓小鄭難堪，說實話我最近也在招人，但小鄭不是我要招的人，雖然大家經常在一起吃飯，可是聚會的時候，小鄭說的都是明星八卦、男女戀愛的閒話，在她身上我看不到與美妝業相關的能力，我對她什麼都不瞭解，不敢用她。」

聽到這裡，你是不是聽出一些門道了。小劉是一個在日常生活中處處留心的人，而小鄭在這方面缺少意識、少了一根筋。在慶生會上，小劉很巧妙地說了自己工作上的事情，他這麼做不是顯擺、不是炫耀，而是分享。明年他的新產品上市了，他需要大家幫忙的時候，一定會有人願意幫他。因為他已經在大家平時吃飯聊天的時候，分享過這一切了，這就是小劉聰明的地方。反觀小鄭，每次吃飯時說明星、聊八卦最來勁，給人留下愛玩愛鬧不務實的印象。

在日常社交中，我們需要有意識地讓閒聊有營養，讓社交行為有效。因此我們需要在聚餐、下午茶這類生活社交場景中，有意無意地談及自己的工作，在不顯山不露水的情況下，為自己贏得更多的機會。

熟人聚會：時刻留意、主動交流、釋放信號

前幾天一位朋友搬新家，我們幾個人去他家慶祝喬遷，好久不見的學生小C也去

了。吃飯前，我們一起挑菜、說閒話的時候，小C先聊起了自己的現狀。小C現在是電視臺的主持人，她抱怨道：「別提了，長官要我們在抖音、快手上開個帳號，我也想做，可是我沒有拍短影音的經驗。」接下來，小C就說了自己的想法：「如果要跟人合作的話，最好是知根知底的MCN③公司，在合作中我希望能保留一定的主動權，另外就是要能為我開拓市場。」說完這些，小C轉頭跟坐在身邊的小A說：「我前幾天看你發動態，說公司打算孵化幾個IP，你看我怎麼樣？要不乾脆孵化我吧，哈哈！我的情況你瞭解，你的情況我也瞭解，現在就看你覺得我值不值得你孵化吧！」

我跟學生小C不是很熟，聽她這麼一說，我還有點小小的詫異。沒想到坐在她身旁的小A說道：「我今天來吃這頓飯，就是想跟你聊聊這件事，我還擔心你看不上我們公司呢，哈哈。既然你這麼直接，那我也不拐彎抹角了，明天到我公司來，我們來談談吧。」

熟人之間聚會，要做一個有心人，時刻留意周圍朋友的動態，看看哪些資源可以利用。小C此處的話術很值得借鑒，我們一起來分析一下。

- **直抒心意，說明問題**：「別提了，長官要我們在抖音、快手上開個帳號，我也想做，可是我沒有拍短影音的經驗。」
- **表明立場，亮明底線**：「如果要跟人合作的話，最好是知根知底的MCN公司，在合作案中我希望能保留一定的主動權，另外就是要能為我開拓市場。」
- **主動串連，恰當銜接**：「我前幾天看你發動態，說公司打算孵化幾個IP，你看我怎麼樣？要不乾脆孵化我吧，哈哈！我的情況你瞭解，你的情況我也瞭解，現在就看你覺得我值不值得你孵化吧！」

在這裡需要提醒大家，熟人之間聊正經事最忌諱的是開玩笑。平時大家聚會說話，我們都屬於氣氛的營造者。但是，說到正經事的時候，如果還是嘻嘻哈哈的語氣，那就不合適了，反而影響了你自己的正事。

③ 全稱為 Multi-Channel Network，指網紅經紀公司。

也許說到這兒，有人會說，這不是把朋友聚會當成商場生意了嗎？在此要矯正一個認知，人際交往中，維繫關係靠的就是相互幫助，恰恰是我借你的力，你才好意思用我的力，這樣你來我往，朋友之間的關係才會穩固。倘若只是一方倚靠另一方，長此以往，關係就容易變質。小C恰恰是看了小A的動態，才知道小A有專業團隊，正在找可以合作的人。

熟人之間，知根知底。少了客套，多了直接；少了試探，多了真誠。熟人之間在某些事情上的交流與溝通帶有天然的優勢。但很多時候，有些話只有面對面才能說得透，事情才能有效推進。週末、生日、節慶假日恰恰是熟人之間社交最頻繁的時刻，想要為自己爭取更多資源，就要把握機會，主動交流。

陌生聚會：先聽後說、建立連結、真誠請教

前面說到小劉創業開公司的事情。其實，他在大學時期，就是一個整合資源的高手。在這次聚會上，他講了很多自己的創業經歷，他通過合作方間接認識業界大咖的事

情讓我印象深刻。過程是這樣的：小劉的項目啟動有一段時間了，其間他找了一個技術大師W，小劉跟W帶領的技術團隊磨合了半年多。五月份的時候，小劉再次去研發中心跟W的技術團隊開會，中午一起在食堂吃員工餐，無意間他看到一位業界大咖張總帶著團隊在旁邊一桌吃飯。在W的引介下，他們兩桌就併在一起吃飯。

W是這位業界大咖張總的學生，見到老師自然話就多起來，從張總的新研發項目說到了跟小劉的合作。小劉聽他們說到了自己，順勢接上話頭說：「這次能跟您的高徒一起合作，我覺得非常榮幸。這次跟W的團隊合作，研發的專案是一個新領域，剛才技術方面W都跟您說過了，在市場推廣時，我們想利用現在的影音平臺，做短影音帶貨和直播帶貨。我看到您在直播間推廣您手上這個產品了，我還記得您當時穿的是淡藍色的襯衫呢，哈哈。所以，也正想請教您，像我們的新研發產品在直播帶貨時需要注意什麼呢？」

聽完小劉的話，這位業界大咖非常開心：「看來我的事，你研究得挺多的啊。小劉，你是個有心的創業者呀！我可以跟你分享一些宣傳推廣的事。」

原來，在與張總見面前，小劉已經通過各種管道對這位大咖有了瞭解，這些準備工作為他與張總的首次見面累積了談資。果然，這頓飯吃完，張總主動加了小劉的微信，還說有事可以隨時找他。

接下來分析一下小劉的表達策略，這裡面的話術很值得我們借鑒。

- **先聽後說**：小劉雖然認識技術人員W，但跟這位業界大咖張總是第一次見面，並不知道這個人的脾氣秉性。所以在這種場合，先聽比先說更明智。有一些人會有盲點，認為好不容易透過介紹遇到自己要找的人，就要抓緊時間表達自己的事情。需要提醒你的是，當你進入一個陌生環境，不冒犯這個環境中的人是最重要的。有時候單純地表達自己的熱情反而會壞事。
- **強調自己與對方的連結**：小劉沒有一開口就說自己的事，而是先介紹自己與W的關係：「這次能跟您的高徒一起合作，我覺得非常榮幸。這次跟W的團隊合作，研發的專案是一個新領域，剛才技術方面W都跟您說過了……」這裡為下面的請教做了一個很好的銜接。

● **請教的姿態是獲得幫助最好的武器**：小劉想讓業界大咖張總看看自己新研發的項目，怎麼才能搭上對方呢？這就需要考慮對方的實際情況。對話中，小劉是這樣說的：「我看到您在直播間推廣您手上這個產品了，我還記得您當時穿的是淡藍色的襯衫呢，哈哈。所以也正想請教您，像我們的新研發產品在直播帶貨時需要注意什麼呢？」先以觀看對方的直播開頭，給對方留下一個好印象，接著誠懇地請教，這就能讓大咖感受到他本人的真誠。

所以，在陌生人之間的社交聚會，你需要先聽再說，先跟對方的身份、從事的工作項目搭起連結，最後再拋出問題，真誠可信的態度，才能獲得對方的好感和幫助。

社交時的表達大忌

自以為是、讓人代言

我們在跟熟人說話的時候，不自覺地會說出：「你拖拖拉拉的，快點說好不好？」、「你說的亂七八糟，不會說慢點呀！」

在日常生活中是不是經常見到這種情形？要提醒你的是，不要認為自己對他人非常瞭解，就可以無所顧忌地說話，自以為是的表達，反而會讓自己屈居被動地位。

相反地，也不能什麼都不說，該說的話要自己去說，而不是讓他人代你說。如果讓他人代說，在某種程度上，會讓對方懷疑你做事的能力，一個連話都說不明白的人，做事能靠譜嗎？如果別人對你有了這種印象，顯然對你不利。

喧賓奪主、過度客氣

到了飯桌上，立刻張羅加菜倒酒，跟誰都好像是老朋友，那種「我的地盤我做主」

的霸道的待人接物方式，容易讓人反感。最好避免這種冒犯感極強的表達方式。

反過來說，面對陌生人，如果我們擔心自己的言行給他人留下不好的印象，因此在跟人說話的時候過分客氣和尊敬，這也是要不得的。如果矯枉過正，總是擔心自己冒犯到別人，就會適得其反。因為陌生人之間的表達，通常都是圍繞著某個專案的合作協商討論，往往帶有目的性。過於客氣的人，遇到對方提出比較強硬的要求時，為了不傷和氣，不敢直接反駁，造成的結果就是雙方和和氣氣，但事情無法推進。如果合作的目的都無法達成，那客氣又有什麼用呢？

第10課

說對話，讓自己更值錢

適用情境：自我推銷

跟大家分享一段我的親身經歷：「宋老師，您好，這次太麻煩您了，幫我們找到這麼好的專家資源，實在是太支持我們的培訓工作了。對了，宋老師，您是教什麼的呀？」這是我有一次幫朋友的忙，幫忙蘋果公司的銷售部門找專家老師授課時，對方的負責人跟我說的話。而我接下來的回答，讓我贏得了為蘋果公司三個部門做語言和直播業務培訓的機會。

當時，我是這麼說的：「我是中國傳媒大學播音主持藝術學院的老師，主要是教人怎麼說話的，企業培訓主要是提升職場人的語言表達能力。像在你們蘋果這種世界五百強企業中，大家用簡報匯報工作，或團隊成員之間進行業務交流時，都需要用到語言。

如何讓自己說話有邏輯、減少時間上的浪費，是這些培訓的目的。我之前為阿里飛豬（阿里巴巴集團旗下的旅遊服務平臺）高管做過相關培訓，目前正在為字節跳動的一個部門做長期的語言培訓。」

「那您上的是什麼內容的課呀？」

「我上課會根據客戶的需求定制課程單。如果可以，我發給你一份課程單，你參考一下，然後我可以為你們的團隊再訂製一份課程單，這樣可以嗎？」

「宋老師，太好了，那我就等您的課程單了。」

就因為這個回答，我成功地得到了為蘋果公司提升語言能力的培訓工作，各個部門前後有十餘場，培訓人次有五百多人。我站在國貿三期的會議室裡，跟他們分享有關語言的使用方法。從他們課後跟我的交流中，我深刻地感受到他們對語言培訓課程的喜愛，原來讓自己語言能力提升還有這麼多方法。

提到推銷自己，你先想到的肯定是在面試求職的時候，跟面試官做自我介紹。其實，除了面試求職的場合之外，工作和生活中我們還有很多機會向別人推銷自己，我們需要為自己背書的時刻。

利用大公司的名氣

對於普通人來說，正處於事業發展起步階段，尚未擁有一定社會知名度的時候，我們想為自己爭取更多的機會，首先可以考慮利用大公司為自己背書。這裡要注意的是，我們利用大公司背書時，要根據不同情況採用不同的說辭。

最近，我接到一份工作邀請，是為某互聯網公司的老總做一對一的公開演講培訓。對方一開始還不確定是不是要找我，但當我說了以下這段話後，他們很快便拍板定案。當時我是這樣介紹自己的：「我在中國傳媒大學播音主持藝術學院任教，為蘋果、阿里旅行、字節跳動媒體合作部、三星、美國GE醫療等企業的高管做過很多培訓。無論是公司內部的公開演講，還是新產品發佈這類的商業演說，我都有著豐富的培訓經驗。」

你注意到了嗎？我談到的培訓經歷是我曾為蘋果、阿里旅行、字節跳動、三星等世界五百強企業及部門做培訓，儘管我也有為住建部（住房城鄉建設部）、中國記者協會、新華社、人民日報等部委、國家級的媒體做演講培訓的經歷，但我沒有提。因為政府和媒體單位的主題性演講，跟互聯網公司需要的戰略內容為主的演講，不屬於同一個範疇。即便我跟對方說了這些經歷，也沒有多大用處，還會讓對方誤以為我分不清楚這些演講之間的區別，反而弄巧成拙。

我的表達策略是：「根據對方的公司性質做介紹」。

如果對方是新興的互聯網公司，我就介紹我曾為世界五百強企業做培訓講師的經歷。既然利用大公司背書，就要考慮公司的屬性。首選是相同屬性的公司，其次選取相似屬性。假如我沒有在互聯網公司做商業演講的經驗，退而求其次，也可以把主題性演講培訓的經歷加進去。

利用自身的工作經歷

有句俗話是「見人說人話，見鬼說鬼話」，在工作和生活中，我們經常會遇到一些自視甚高、瞧不起人的人，跟這類人打交道時，就需要拿出一些證據，讓我們的話語更有分量，讓對方心服口服。

我的一個學生，研究生畢業不到三年，就已經擔任大片的導演了，在電視臺裡屬於年齡小、業務強的九〇後優秀代表。因為她天生一張娃娃臉，經常被人誤以為是來實習的大學生，所以她經常會遇到一些不把她當回事的人，導致她在工作上處處受挫。為了解決這個問題，她憑藉以往的工作經歷替自己背書，讓她說話起來相當有底氣。

有一次，她為了拍攝片子去外地踩點，遭遇了接待人員的無禮對待：「你們電視臺怎麼派你這麼一個小孩子來談事呀！這麼大的項目，你一個人來這裡走一趟，就能定下來嗎？你們長官可真是放心呀！」

她不慌不忙地拿出手機，點開「我的最愛」的一個連結說：「張大哥，我想請你看一下這個。前一陣子你們內部學習是不是看過這部影片？」接待人員湊過來，看了一下，回答道：「是的。我們長官要求所有人全部都必須看這部影片，我有印象。」

她把影片拉到最後，在演職人員表的畫面處暫停了一下，然後把手機和記者證一起舉起來，說道：「您再看看。這部影片是我們電視臺應上級部門要求製作的，後來部門長官指定了三位菁英來做，我就是其中之一。而這已經是我參與的第三個類似的專案了。對於這個案子，我想我應該有資格說，沒有人比我更適合了吧。」

雖然在他人面前故意說出自己做過什麼重要的工作，總有炫耀之感，但該亮明身份的時候也要善於表現自己。果然，等她說完，這位接待人員立刻露出羨慕和欣賞的眼神，對她的態度也產生了很大轉變。

我的導演學生說話之所以有分量，是因為她用自己的成功經驗凸顯自己，達到震懾對方的目的。這裡有一些處理的眉角，首先，面對不友善之人，無論對方是故意挑釁還是無心之言，你都要告訴自己，不要因此產生負面情緒。接著，要言之有據地證明自己。我的學生把演職人員表和自己的記者證一起拿給對方看，就是利用過往的資歷為自己背書。

利用權威人士為自己拉抬

原央視的著名新聞節目主持人李小萌是我的師姐，二〇一九年四月，她正在為東南衛視製作《你好，媽媽》系列人物訪談節目，我帶著幾位研究生去現場參觀學習。四月十日，李小萌採訪的嘉賓是奧運冠軍鄧亞萍，場地選在了北京服裝學院的體育館裡。整個採訪過程非常順利，採訪結束後，我去休息室跟師姐告別。看我進來，師姐順勢把我介紹給了鄧亞萍：「這是我師妹，中國傳媒大學的宋曉陽老師，是國內演講方面的高手，前一陣子我在《人物》雜誌上的那篇演講稿，就是由她操刀的。」

聽師姐這麼說，我立刻接話道：「亞萍姐好，我只是幫師姐一點小忙，改了一下稿子。其實，師姐二十年主持人的功力放在那裡，最後演講效果特別好，還是靠她自己的。今天我在旁邊看了採訪，亞萍姐真是媒體人喜歡的嘉賓，表達的好，又會講故事，這期節目一定很好看。」後來我們更相互留了聯繫方式。

生活中，我們會在這種場合認識一些新朋友，朋友之間相互介紹，朋友的朋友就變成了自己的合作夥伴，為彼此提供更多的機會。職場上會談時，談到彼此都認識的權威人士，如何利用這些人為自己背書呢？主要有以下兩個策略，一、行業權威打前站，二、個人能力是關鍵。

每個行業都有知名人士，這些人的社會地位、擁有的職業話語權無形中會帶來很多機會。在播音主持一行從教近二十年來，我教出來很多優秀的學生，很多人踏上工作職位或者得到一些工作機會，也是來自我提供的機會。

一檔地方電視臺的新聞訪談節目在北京製作，在網站上公開招聘主持人，面試時，我的一位學生巧妙利用我為自己背書，最後得到了這個工作機會。學生面試後跟我說，「宋老師，幸虧面試的時候提到了你，我才有試鏡機會，最終得到了這個機會。」

面試的時候，學生是這麼說的：「各位好，我來自中國傳媒大學播音主持藝術學院，師從宋曉陽老師，她推薦我去電臺實習，我最後留在了電臺。自從進入媒體業以後，每年兩會（指全國政協、人大）以及重特大事件的新聞報導我都有參與，主要負責前期採訪、新聞播報以及新聞評論的工作。這是我的作品，你們可以參考一下。」

後來這個節目的製片打電話給我，感謝我培養了這麼優秀的學生。製片說：「這位主持人雖然說是您的學生，我們也很瞭解您，知道您治學嚴謹，但根據節目的需要，我們也要審核面試者的能力，他拿出自己報導的作品，我們幾個面試官都覺得不錯，就讓他來試鏡，果然很優秀。」

通過這個故事，我想表達的是，我們在利用權威人士為自己背書的同時，還需要展現自己的個人實力。如果我的學生只想著利用我來為他背書，而他自己沒有優秀的業務能力，顯然也是不行的。

無論是職場上，還是生活中，自我背書最忌諱的是誇大其詞、自相矛盾。前幾天我跟一位出版社老闆見面，對方希望我在他們社裡出書。為了證明自己的出版社能力很強，這位老闆說：「我們社裡的資源很多，現在直播帶貨這麼流行，我們會找最好的帶貨人幫你賣書，現在最火的帶貨主播〇〇〇，我們很熟，上週在她的直播間，我們一本書賣了三萬冊呢。」過了一會兒，聊起現在的銷售方式，這位老闆又說：「現在都在直播間帶貨，那些主播壓的價格特別低，賣得越多我們越賠。現在出版業真是不好幹呀！」

你是不是聽出來這位老闆自我背書中出現的問題了？與事實不符的話，不但達不到宣傳的目的，反而會造成周圍人對你能力的質疑。

根據以下三點，可以判斷一個人是否誇大其詞：

- **借他人大旗，為自己助力**：依常識來判斷，只要是東西好，帶貨主播都會帶的。這位老闆太想利用有知名度的帶貨主播為自己站臺，顯得底氣不足。
- **利用資訊差對缺少行業知識的人進行轟炸**：一場直播賣了三萬冊，這位老闆想利用數字來說服人，但是這數字有點太誇張了，這就是誇大其詞的一個信號。
- **說話不老實的人，最容易前後矛盾**：這種人往往喜歡誇大其詞，但因為是謊話，在表達的時候，難以做到嚴絲合縫、不露馬腳。

有策略地說服他人

3 思辨型表達

第 11 課　用事實說話，讓說服更容易

第 12 課　站在對方立場，創造共贏式對話

第 13 課　讓人一聽就懂的教學法

第 14 課　巧妙反擊職場小人

第11課 用事實說話，讓說服更容易

適用情境：說服他人

很多時候，人與人之間的溝通和交流，根本目的就是說服。為了讓說服更簡單，我們可以採用「事實性說服」這個方法。

我在抖音上關注了一位收二手車的網紅「劉掌櫃」，他的影片記錄了整個收車的過程，最有趣的橋段就是他跟車主議價的時候。在來來回回、討價還價的過程中，他能成功地依自己理想的價位把車買下來，採用的就是事實性說服。下面這段對話就是他說服對方的過程：

網紅：「你這車看起來像是被冰雹砸過，我隨便看了一下，就這一片就有七八個凹洞，即便是無痕修復也能看出來，再看引擎後蓋，大大小小有二十多個坑，洗車後拋光完，從這個角度看下去，還是能很明顯地看到。你要想賣的話，你訂的那個價格肯定不行，得少一點。」

車主：「我還想讓你加一點呢。」

網紅：「加不了，得減一點，減一千。」

車主：「好吧，按照之前說好的，減一千元，簽合約吧。」

其實，這位網紅現場看完車，發現自己之前跟車主談的價格有點高了，他的理想價格是原先價格再減一千元，主要就是因為前後車蓋上的凹洞。作為砍價的一方，他用於說服車主的話都是事實。如果他說自己開了三個小時車，辛苦過來一趟，請車主看在這點上減一千元，車主肯定不會同意的。

這位網紅利用車輛本身存在的具體問題說服對方，讓說服變得輕鬆，因為這些問題是客觀存在的，雙方只要認可事實，那麼，溝通就會順暢很多。

既然說到用事實來說服對方，那麼就要先釐清一個問題，什麼是事實？你能分清楚什麼是事實，什麼是感受嗎？對哪些人進行說服的時候，需要用到事實性說服的表達策略？需要用哪些事實來說服對方呢？

人們在日常生活、工作中的溝通與交流，通常由「事實、感受、觀點」這三個部分組成。怎麼區分和判斷這三點呢？下面我用一個範例告訴你這三個部分的差異。

來看下面這段內容：

我今天是坐地鐵一號線來上班的，由於軌道出現問題，地鐵停運了十五分鐘，車上好幾位同事上班都遲到了。

這段話以事實為主，描述了一些基本資訊，這些資訊組合起來幫助我們瞭解情況，做出判斷。

什麼是感受呢？還是這個例子，我把感受加進去，你再來看一下。

我今天是坐地鐵一號線來上班的，車廂裡人特別多，腳都沒地方站，幾乎快喘不過氣來。不知道誰吃了韭菜包子，還打嗝，那噁心的味道就別提了。倒楣的是，地鐵軌道出現問題，地鐵停運了十五分鐘，把我急死了，唉，這個月的全勤獎又沒了，我還想買那件大衣呢。

從公司這站出來時，我發現車上有好幾位同事上班也都遲到了。

上面說的內容中，屬於感受的話是：「車廂裡人特別多，腳都沒地方站，幾乎快喘不過氣來。不知道誰吃了韭菜包子，還打嗝，那噁心的味道就別提了」，這是乘客在地鐵的時候，身在擁擠的車廂，發出的個人感受。感受性的表達上，會使用比較多的形容詞和副詞，感受通常是由主觀出發，事實是客觀存在的。

作為聽者，如果把對方的感受當成了事實，就會影響你的判斷。

那麼，什麼是觀點呢？還是這個例子，當事人中午跟同事吃飯的時候，說起早上的事，他給出的想法和觀點是這樣的：

今天地鐵一號線在早上的高峰時段出現故障，導致軌道停運十五分鐘。事實上，這種問題上個月也出現過，我記得當時地鐵方承諾說：「類似的事情絕對不會再出現。」但今天又再次出現事故了，我想跟地鐵的工作人員說，有些話，不要說得太滿。

觀點通常來說是一個判斷句，裡面有很明顯的判斷用詞，比如「是」、「不是」、「我想」、「我認為」、「我判斷」等。

分清了事實、感受以及觀點，我們接下來需要考慮的是，在哪裡跟誰交流的時候需要使用事實。

職場作為一塊比起情感更重視邏輯和事實之地，眼淚在這裡只是一滴鹹鹹的水，打感情牌或利用情緒打動別人，是不會有人買帳的，只有事實才能成為自己的助力，打開困局。只有使用事實，才能讓說服對方成為可能。

我的學生是一家互聯網公司的ＨＲ，由於疫情，全公司的工作方式發生了改變，無論是內部溝通還是外部聯繫，幾乎都需要利用線上交流平臺。於是考量現況，人力資源部門增加了新的培訓專案，比如線上溝通方法等，因此需要跟公司申請增加培訓預算。但眼看著到第四季了，之前的人員培訓費用已經支出了八十％，剩下二十％的資金顯然有些捉襟見肘。為了提高員工的溝通能力，需要增加課程，以及增加十％的培訓預算，該怎麼說服公司長官增加預算呢？

我學生就是用「事實」來說服對方的：

張總：「年底了還要增加預算，我的腦子都快炸了。可不能想到什麼就做什麼啊！」

學生：「張總，事實上，不提高員工線上溝通的能力，『想到什麼就做什麼』的事情就會一個接著一個。昨天開線上會議，您把運營部的部長批評了一頓。其實，類似的情況今年公司已經發生八、九次了。有三次因為員工線上溝通能力的問題，我們跑單了。人資在例行的調查問卷中，發現員工對於這方面的培訓課程需求很強烈，大概有七三・五％的員工想在這方面有所提升。

「因此，我們目前找到了三位適合的培訓講師，根據這三位講師的報價以及新產生的培訓需求，我們需要增加十%的預算。我查過往年的培訓，我們在二〇一一年和二〇一五年其實也有增加培訓預算的情況。」

我的學生用一分鐘就說服了上司，因為這一分鐘裡面說的資訊都是事實。我們來分析一下他的表達策略：

- 列舉實際案例，因為缺少線上溝通能力導致跑單
- 利用調查問卷，說明員工的真實培訓需求
- 新培訓專案需要增加預算
- 增加預算有先例可循

學生跟上司說完，上司的回答是：「你這一分鐘的話，把我堵得死死的，該說的都

說了，一句廢話都沒有，都是重點。」上司這裡說的重點，其實就是「事實」。

列舉事實，是最有效的說服方法之一，能達到事半功倍的效果。因此，想要輕鬆地說服別人，就要分清事實、感受、觀點，少用態度，多用事實進行說服。

第12課

站在對方立場，創造共贏式對話

適用情境：與人協商

前幾天我接到一位師弟的電話，這位師弟在地方院校的播音學院擔任主任，剛上任一年多。為了提升他們播音學院的影響力，提高學生們的實戰能力，他想延請一位央視主持人去他們那邊講課。但是，苦於自己沒有人脈，想通過我跟對方取得聯繫。聽完師弟的訴求，我考慮了一下，跟他這樣說：

師弟，我大概知道你為什麼想請這位主持人去講課了。你看這樣安排如何？既然請這位大咖來辦講座，除了按照規定給講師費之外，是否可以聘請他做你們學院的客座教授，在講座結束後，由院長頒發給他一張聘書。當然，這件事我也要跟對方說一下，你也跟院長商量一下。如果每年都可以請這位主持人來講課，對於學生來說是好事。然後，通過這次經驗，你可以開始負責你們學院對外聯繫的工作。自然，跟這位主持人的關係就要靠你來經營了，把關係建立起來了，以後再邀請對方也很方便，還可以通過這位主持人再邀請其他的主持人。而從這位主持人的角度來說，多了一個客座教授的頭銜，也是好事。

聽我這麼說完，師弟連連點頭，他說：「師姐，我之前只考慮我們學院這邊的需求了，壓根就沒為對方著想。聽完您的建議，我忽然學到了一個做事思維，就是站在對方立場考慮的『共贏思維』。沒想到找您幫忙，我還多學會了一招，太謝謝師姐了。」後來，師弟通過我跟央視的大咖主持人聯繫上了，雙方合作愉快。

我之所以採用這種表達策略，是因為我同時站在師弟和主持人的立場去考慮問題。一方面我可以幫助努力工作的師弟更好地完成工作，一方面我也可以幫助大咖主持人多建立一個分享知識的陣地。當我說服師弟按照我的想法做這件事的時候，我採用的是

「共贏性協商」的說服策略。

平常點外送的時候，你是否有過這種經歷：打開外送袋，發現老闆送了一瓶可樂，或者是收到店家的優惠券，我們立刻會有得到好處的感覺。其實，店家的這些小心思不難猜，就是想給你一個意外驚喜，希望下次你還點他家的外送。店家的做法使用的就是共贏策略——店家賺了錢，消費者得到了好心情。在生活中，我們也要具備這種共贏思維，才能將事情辦好。

那麼，什麼是共贏思維呢？通俗點來說，就是不僅要考慮自己的利益，也要考慮他人的利益和需求。就像做外送，店家不僅要考慮自己的盈利情況，還考慮到顧客收到外送的用餐心情。而贈送軟性飲料或優惠券，就是讓消費者獲得利益和產生精神愉悅感最有效的方法。

通常來說，在工作或專案的推進過程中，我們做事的出發點大多是考慮自己這一方，長此以往，自私自利就會成為我們的思維慣性。而在大多數情況下，只考慮自己的利益，忽略對方的利益，最終會影響雙方的關係。

只有共贏，才會走得更遠。

相互幫助，關係才長久

我的一個學生畢業後進入電視臺當記者，她是一個不喜歡給他人添麻煩的人，能自己做的事情，從來不張嘴求人，即便是對方示好，她也會婉拒。用她的話說，就是「儘量不要欠人情。」雖然工作上她可以獨當一面，可是人緣一直不好，她明顯感覺同時期進入臺裡的其他人，與周圍同事的關係比她與周圍同事的關係要好，他們一起吃飯、看電影或者逛街購物，而她跟同事只是點頭之交。她不麻煩同事，同事也不會主動幫她。

前幾天我跟這位學生約喝咖啡，她把這個困惑說給我聽。學生說：「宋老師，有一天我在臺裡加班，晚上快八點了，我還沒吃飯。這時候我一位同事要去拿快遞，問我需不需要順便帶一份天津煎餅當晚餐。其實我很想吃，但是我又想，同事拿完快遞就能回來，如果要幫我買晚餐的話，就要耽誤他的時間，實在是不好意思。於是我就說自己正在減肥，不吃晚餐。」

學生跟我說完，我就知道她人緣不好的原因了。我說：「你這種不麻煩別人的思維，反而會影響你的職場人際關係。在職場上，人與人之間要想建立好關係，是需要相互麻煩的。你的同事主動提出幫忙，從某種意義上來說，他想通過這種相互幫忙的方式拉近彼此的關係。如果你具備共贏思維，你就應該接受對方的幫助，在職場中的人際關係才會變得更好。」

職場中，我們很多時候需要與其他人合作，有些合作可能只對一方有利，但有些合作是雙方都獲利的。無論什麼樣的情況，我們都需要用共贏性思維與他人展開溝通交流，在獲得自我滿足的同時，還要考慮到給予對方一定的物質或者是精神上的滿足感，才可以讓我們在職場人際關係中處於有利地位。

我在播音主持藝術學院擔任教學工作近二十年，日常教學中，經常跟學院的本科教學行政和研究生教學行政兩位老師打交道，他們兩人工作認真又細緻，為我們這些站在第一線教育現場的老師解決了很多問題。

前幾天我的研究生課程開始了，被分配到的教室沒有大桌子，這讓學生們不太方便記筆記，我跟教學行政說明了情況，問題很快得到了解決。

我說：「每次找你解決問題，開口麻煩你，我一點心理負擔都沒有，你這個人真是讓人倍感舒服。」

教學行政老師說：「宋老師太客氣了，這都是我份內的事。我們這些做行政的老師就是要幫教學的老師解決這些問題。雖然就是日常工作的協調，但是您就是不一樣。您每次有事找我之後，您的感謝也讓我感到特別高興。」

教學行政幫我解決問題，這件事情只對我有利，我並沒有給對方帶來什麼實質性的利益，但是我可以通過感謝的話語給予對方精神層面的慰藉。在職場、生活中，給予對方情感上的鼓勵也是重要的表達策略。

激發對方的自驅力

有時候，你作為專案負責人，需要帶領同事完成某一項工作。接到工作時，同事會自然而然地認為自己只是這個項目的執行人，只是在協助你，所以並沒有多大的自主意識。當你的合作夥伴產生這種心理，對你來說並不是好事。因此，你需要在專案開始時，協助自己的合作夥伴產生同舟共濟之感，讓他明白自己並不是在為你做事，而是為了自己而做。

而要順利完成一個合作專案，需要的是每一個參與者都具備自主意識。那麼，該如何讓合作夥伴產生自我驅動力呢？你可以採用這種表達策略：

從對對方的意義切入

接手專案前，先瞭解一下合作同事的情況。摸清情況後，你再結合專案性質，針對性地指出這些工作對於同事的意義。如果對方是第一次參與這種專案，那麼你可以從提升職業能力的意義切入，去說服對方。

比如，你要跟三位不同部門的同事合作完成一場雙十一直播活動。其中有位同事是第一次做跟主播相關的工作，你可以這麼鼓勵他：「這次能跟主播聯繫、討論直播流程，是一個非常不錯的機會。如果你做得好，下次直播活動，我會向老闆推薦由你來做主播，加油！」

聽完你的話，同事會意識到這場直播活動對他的意義重大，這樣就會激發他努力去做好這場活動，讓他主動地去配合你完成這項工作。

從自身經驗出發

如果同事還是沒那麼積極主動，你就需要找他約談了。你可以分享自己以往的工作經驗，告訴他以前你是怎麼做這項工作的，在過程中需要注意哪些問題，通過哪些細節的執行，最終做成了這個項目，並且分享自己在完成工作項目中所獲得的好處。

還是上面這個案例，你可以這麼說：「小劉，聯繫主播的工作，你有什麼打算嗎？去年雙十一，我也跟這位主播合作過，我想跟你分享一下我的經驗。這位主播在直播前有個習慣，即使再忙，她也要自己過一遍稿子。所以，我建議你提前幫她準備一份直播文案，將直播的重點告訴她。我也是在跟許多不同主播合作之後，才意識到留意每位主播小習慣的重要性。去年跟這位主播一起做完直播活動後，我就可以自己挑大梁了。我想，你也沒有問題的。」

如果你能把自己執行以往專案的心得、工作感受分享給他，就不會讓對方產生反感心理，反而會讓他意識到好好做這項工作對自己的意義。站在對方的角度去表達，就可以打消對方消極做事的心理意識，轉而讓他以主角的心態參與其中，積極主動地做事。

第13課

讓人一聽就懂的教學法

適用情境：教導帶人

職場上、生活中，我們經常要告訴同事或者朋友怎麼做一件事情，比如如何去財務處報銷發票單據、如何登錄公司系統修改相關資訊，又或者如何用咖啡機、如何調配美味的餃子餡等。你是否經常會有這樣的疑惑，為什麼明明自己說得很清楚，對方就是聽不懂呢？

前幾天，我一位學生約我吃飯，她在一家媒體實習，每天要跟老師學習很多東西。一見面，學生就開心地跟我說：「宋老師，您幫我找的這家媒體公司太好了，很多東西可以學，帶我的老師人也很好，就拿今天下午他教我操作後臺系統來說，他講了一遍，我就學會了，您說我是不是很聰明？」

「你很聰明倒是真的，但是帶你的這位老師也是一個帶新人的好手，這麼複雜的事情，你學一遍就會，這說明他的教學方法一定很特別。」

「您說對了，這位老師確實很有一套。他寫了一份操作步驟，在我面前示範一次，他示範的時候，還讓我錄影，最後要我當著他的面操作了一次。最後操作完，再讓我說一遍步驟。」

「你看，這哪是因為你聰明，是因為人家會教新人做事情。」

怎麼教剛入職的新人才事半功倍呢？

文字說明

說起報帳核銷，我想很多人都會特別崩潰，尤其是遇到報銷流程比較煩瑣時，耗時長、效率低，同事之間就容易起爭端。

工作中，你是不是遇到過這樣的場景：

「我都說了幾遍了，你怎麼還不明白，還犯錯？」

「您上次說的是銀行對帳單在上，發票在下面，但是，這次您說的是銀行對帳單在下面，發票要在上面。」

「我兩次說的不一樣？怎麼可能，我都幹了十年了，閉著眼睛都會做。」

如果你想要快速教會剛入職的新人做好這件事，可以先把報帳核銷的流程文字化，也就是寫一個報銷單據的工作指南，可以分幾個步驟來闡述。寫好流程後，自己反覆讀幾次，確認流程正確，然後你再按照自己寫的指南操作一遍，看看自己的文字說明是否清楚明白。

事先立規矩

很多人帶新人會有一個煩惱，就是自己講的東西新人總是記不住。因此，在一開始帶新人的時候，說規則、立規矩就很重要，這可以為培養新人良好的職場工作習慣打下基礎。當你要教新人如何申請核銷時，你可以這樣說：

各位好，我是財務處的李麗，各位叫我李姐就可以。今天長官安排我教各位怎麼核銷單據。在教各位之前，我先說一下未來我們如何一起工作，以及一起工作時需要注意的五點事項。

第一，請在微信群裡把自己的名字改成「部門加名字」。

第二，凡是群組公告的內容，請務必及時查看。跟我學習相關工作流程時，請務必帶筆記或者筆電做好文字記錄，不可以手機錄音或者是用手機記錄。

第三，請在規定的時間內提交相關單據，如果不能按時提交，至少提前三小時跟我主動申請，並請你所在部門的主管到我此處說明原因。

第四，如果有不明白的問題，請在工作群組裡以文字方式提問，不要發語音訊息。

第五，提交 Word 檔時，檔案名稱是「標題＋部門＋人名＋日期」。如果是一天之內，多次提交同一個檔，那就是「標題＋部門＋人名＋日期＋第幾版」。

以上五點是跟我工作時需要注意的事項，如果需要跟我本人見面或者是跟我通電話，請先跟我預約時間。謝謝各位。

你看，帶新人工作前先把要求說出來，也就是先立規矩，這之後帶人做事就會很方便，也會讓他們在職場少碰壁。

實際演示一遍

你按照自己寫的文字說明，在新人面前把整個工作流程走一遍。這時候你要告訴新人，先看後問，像聽老師上課講授一樣。先看後問的好處是，新人可以完整看到操作的過程，如果有不懂的地方，接下來就可以提問，直到新人完全了解。

帶新人時，主要有兩種表達方法。其一是「步驟演示法」。

前面你已經把文字說明準備好，也反反覆覆確認文字表述沒有問題了。見到新人的時候，你把規矩也說清楚了，接下來進入帶新人熟悉工作的具體實作階段，我們繼續以報銷單據為例，你可以這樣說：

今天由我來跟各位介紹一下如何報銷單據，現在你們手裡拿到的是一份文字說明，這份說明介紹了報銷單據的流程和步驟，我來一一給大家說明。我話先說前頭，我們這次說明會預計半個小時，前二十分鐘由我介紹，剩下的十分鐘是QA時間，在我講授的時候，如果你有什麼不明白的地方，先不要打斷我，等到QA時間再提問，謝謝。

首先我先說如何整理票據，我們拿辦公用品來說明。比如，這個月你們部門買了五箱A4紙、三盒簽字筆和五個墨水匣，核銷需要提供兩張單據。第一是購買的發票，上面寫有公司名稱和統編的發票。如果對方只能開電子發票，你們要把發票列印出來，在列印的時候，把列印模式改成發票範本，也就是A4紙的一半，這一點要切記。

第二張是由部門主管簽署的費用請款單，我做了一個樣本，你們每個人拿一份，就按照這個樣本來寫，資訊不全、字跡潦草的，不能報銷。這裡特別提醒一下，數字要用大寫，大寫的用字和寫法要符合規範，如果你不清楚大寫怎麼寫的，可以上網查，有專門的大寫翻譯器。

這兩張單子，請款單放上面，發票放在下面，把這兩張單子用膠水黏好，就像這樣。為什麼兩張單子只黏左上角，因為要是單子有問題，撕開的時候，也不會把整張單子撕壞。

你看，新人手裡拿著你寫的文字說明，再看到你詳細的步驟展示，他們在報銷單據的時候，犯錯的概率就會大大降低。

其二是「影音演示法」。上面這個例子適用於面對面帶新人的場景。如果條件不允許，沒有辦法面對面介紹怎麼辦？你可以考慮用手機拍影片來說明，這也可以達到教人做事的目的。

我們學院有幾位熱心的老師，把學院供老師們休息的休息室佈置了一下，學院鼓勵老師們把家裡閒置不用的電器帶來。楊老師貢獻了一臺咖啡機，張老師也拿來了咖啡豆。萬事俱備，只欠東風。很多老師會喝咖啡，但是不會用咖啡機泡咖啡。負責管理休息室的涂老師，想到可以錄一支使用咖啡的機影片。影片裡，他是這麼說的：

下面跟大家介紹一下咖啡機的使用流程。第一步，打開電源開關；第二步，打開咖啡機的開關；左邊的按鈕可以選擇咖啡的杯數，有兩杯、四杯、六杯、八杯、十杯等；下面的按鈕是調整濃度，分別是「濃、中、淡」這三種。特別要注意的是，杯數要與水位對應。如果想要兩杯咖啡，結果按了四杯或六杯的按鈕，那就會沖淡了。另外，咖啡豆沒了，是從這裡加咖啡豆（涂老師掀開了咖啡機上方裝咖啡豆的蓋子）；如果水沒了，就從這裡加水（他掀開了水蓋），這邊則是可以泡咖啡的純淨水。好了，介紹完畢，祝大家喝咖啡愉快。

你是否注意到，一開始涂老師說了第一步、第二步，隨著內容增加，這些步驟的描述就沒有了？這是因為有影片、有畫面、有具體操作示範，我們已經不在意步驟了，只要跟著他的示範，我們就可以學會怎麼用咖啡機了。

所以說，影音演示法在日常工作中非常好用。我上專業課程時，會用到一些錄製設備，有時候操作出問題了，我就會打開通訊軟體的視訊通話，一邊請同事看，一邊說明自己不懂的地方，這樣做既方便又高效，大大地提升了工作效率，也減少了內耗。

第14課

巧妙反擊職場小人

適用情境：應對小人

前一陣子，我去一個地方電視臺講課，晚上和臺裡的長官、頻道總監還有資深的主持人、記者一起吃飯，當晚，有一位負責接待的年輕人引起了我的注意。

當時，我正和頻道總監李總聊我在下午講座中提到的一個案例，這位年輕人正好把我今天落在會場的電腦線送過來，聽到我和李總的對話，他立刻開口說：「宋老師，您不知道，我們這位李總年輕的時候做報導，比您今天講的那位央視記者還要好。聲音就跟播音員一樣洪亮，又帥，當時好多女孩子追他呢。李總現在的老婆，那時候還是他的女朋友，還因此吃了醋，天天開車來接他下班。是不是，李總？」話說完，那位李總笑得異常尷尬。

生活中，我們經常會猝不及防地遭遇笑面虎的捧殺。面對甜言蜜語，想必很多人明明知道對方不懷好意，也不好拉下臉來戳穿對方。但如果一味地讓對方過分吹捧自己，顯然對自己不利。面對這種捧殺，我們不能坐以待斃，接下來我會教你如何反擊的兩個方法。

啟動預警機制，畫下社交底線

同事中午一起吃飯、朋友假日聚會，這是我們生活中常有的社交行為。很多人喜歡在比較輕鬆的聊天氣氛中，說一些調侃的話，嘲諷和捉弄他人。他們之所以選擇在這些場合發作，就是抓住了人們的一個心理——「我們只是在閒聊嘛，你怎麼這麼認真呀！這麼開不起玩笑啊？」但這些人只是在利用這種輕鬆氛圍做掩護罷了。

如何在這種場合避免自己被他人嘲諷、捉弄呢？首先你要啟動預警機制，畫下社交底線。具體來說，你需要對同一張飯桌吃飯的這些人，特別是那些主動挑起對立性話題的人保持警惕。這種人未必是殺氣騰騰而來，也有可能是笑裡藏刀的樣子。

前幾天，學生小王約我喝咖啡，說起他最近面對捧殺，如何反擊不懷好意同事的事。原來小王進入電視臺沒幾年，由於工作能力出色，在部門一直很受重用。長官覺得這個小夥子不錯，想好好培養他。可是，部門有一位同事，一直盯著部門副主任的位子，看長官這麼喜歡小王，心中不免有些失落，有意無意地就想做點小動作，讓小王陷入不利境地。

前一陣子公司舉辦團建④，這位同事並沒有在認真吃飯，而是在跟自己的搭檔咬耳朵。小王說，當他看到這位同事有一些不尋常的小動作時，就提高了警惕。因為之前部門開會的時候，她就指桑罵槐地說過小王。

職場上，我們不去招惹他人，但是也不要成為他人的箭靶。

④ 團隊建設，簡稱為「團建」，指企業為了提升員工們的凝聚力而舉行的各類團隊活動。

輕鬆玩笑中，擒賊先擒王

果然，這位同事和搭檔隨後來了一齣「對口相聲」，一唱一和，把聚餐的場合生生變成了自己的舞臺。

當長官說：「自從小王加入我們團隊之後，我們團隊現在可以製作大片了，整個團隊的績效也上來了。小王，希望你明年再接再厲，最好能多帶幾個人，我們團隊的力量就會越來越壯大了。來，大家乾一杯！」

聽長官這麼一說，這位同事馬上接話：「小王，你看，長官多疼你呀！我們這麼多人，長官就只拉著你坐他身邊，我們真是羨慕嫉妒恨呀！」

同事的搭檔也立刻說：「我看張姐，你得向小王學習學習向上管理這件事，別看他年紀輕輕，卻是職場資深人士了。小王，不如你帶帶我吧！」

小王擔心被兩人的話語節奏帶歪，接過話頭說：「張姐，您這張嘴真是我們部門最厲害的。我坐在這兒是因為這個位置正對著冷氣口，擔心大家坐在這裡不舒服，我想把舒服的地方留給大家，沒想到讓人誤會了。張姐，我幫您夾塊滷牛肉，這牛肉很營養，您多吃一點！」小王這麼一說，這位同事便知趣地不再說話了，而她那位搭檔也自然不再跟著起鬨。

別人在捧殺你的時候，還會找人起鬨來活躍氣氛，這時候，你不要被他們的言行所迷惑，要針對那個挑起的人進行還擊。在還擊的時候，抓住對方的弱點進行反擊，用開玩笑的口吻反駁對方的說法。在這個案例中，小王說的那句「我坐在這兒是因為這個位置正對著冷氣口，擔心大家坐在這裡不舒服，我想把舒服的地方留給大家」就有力反駁了對方說的「長官就只拉著你坐他身邊」這種閒話。

很多人可能會問，在生活中如何判斷對方是否在捧殺自己呢？「剛才就是跟你開個玩笑，我又沒有惡意，你怎麼這麼認真？」生活中，這種場景你是不是也遇到過？

要分清玩笑和嘲諷，「尺度」是最關鍵的。平時聊天說話，喜歡開玩笑的同事、朋友，說話的尺度可能比較大，在你看來，這種話似乎是無端挑釁，但也可能是你把對方想得太壞了。這裡就有一個問題，如何去辨別對方是在開玩笑還是暗藏心機呢？

前幾天，我們幾個人聚會，這些人都是我的學生，彼此非常熟。女生叫小鄭，三十五歲，想生第二胎，她有一個兒子，特別想要一個女兒。大家正在有一搭沒一搭地聊天，此時，小鄭的閨蜜小川來了，她聽到小鄭打算生第二胎，立刻說：「姐姐，妳怎麼一生起來沒完沒了，我們這一群老阿姨，好多都還沒生孩子呢，但乾女兒、乾兒子妳倒是都幫我們備齊了。我都沒發現，妳原來是一個種子選手呢！」

這時，跟小川一向關係很好的小李，也湊過來說：「姐姐，妳真不是一般的能幹，一年生一個，妳這土壤真是夠肥沃的！」說成這樣，我想，小鄭肯定會對小川和小李氣呼呼吧。沒想到，她慢悠悠地說：「妳們兩個人，一搭一唱的。我就問一個問題，我要是生了女兒，妳們做不做乾媽？」

「做，必須做，馬上做呀！」

回家之後，我打電話給小鄭說一個合作案的後續，提到了今天飯桌上這兩人。小鄭說：「她倆什麼樣，我最清楚了，她們兩個人每句話看似是在損我，其實只是開玩笑。她們是嘴壞心善，哈哈。這一點，我還是知道的。」

其實，判斷這類喜歡損人者的真實用心，有一個最簡單的辦法，就是看這個人長久以來是一個什麼樣的人，如果這個人就是大剌剌的個性，今天也這樣，就比較合情合理。小鄭之所以不生氣，就是因為她太瞭解小川和小李了。生活中，我們跟關係比較親近的朋友聊天，話題尺度往往會大於關係一般的人，跟他們可以隨心所欲地聊天，不至於因為某一句話說過頭了或者說錯話，就引起對方的不滿。

如果對方以往並不是一個愛開玩笑的人，今天卻一反常態，那就需要警惕了。另外，在這些場合中，要看對方說出這些話之後，他在意的是誰的反應？如果他在意你，他說的話通常不會讓你難堪或者感到為難；如果對方來者不善，他的目的就是讓你難堪，那他一定更在意自己說的話有沒有激起眾人的反應，營造出看熱鬧、在眾人面前貶低你的氣氛。

用表達建立高情緒價值

4 情感型表達

第 15 課　讚美要說到點上

第 16 課　會分享的人，漲粉更快

第 17 課　用真誠的情感打動他人

第 18 課　情商高的人，如何安撫受傷的情緒？

第 19 課　拒絕卻不得罪人的策略

第 20 課　不損人也能展現幽默感

第15課

讚美要說到點上

適用情境：稱讚他人

今年暑假過後，我請學生交暑假實習報告，其中學生小姜的實習總結引起了我的注意。他的總結思路清晰，很有內容。我特別開心，於是發微信讚美他總結做得好。聽到我的表揚，小姜連說：「宋老師，真的嗎？我真的寫得這麼好嗎？我還擔心寫得過於瑣碎呢！這是我成為您學生以來，對我最高的表揚了。」結果這學期小姜同學表現一直很好，作業品質也很高。

這是最典型的鼓勵帶來正面效果的例子，我對學生第一時間做出肯定，讓學生受到鼓舞，以致在接下來的學習中更加努力。而在職場上，如何通過鼓勵建立更好的人際關係呢？想要讚美、誇獎、鼓勵他人，怎麼說才能讓對方覺得不是拍馬屁呢？

具體讚美法

「宋老師，您的課講得真好。」在我近二十年的教學生涯中，我聽到最多的是這類的正面評價與鼓勵。每次得到這種誇讚，我都會很開心。遺憾的是，我記不住到底是誰跟我說了這樣的話，因為這種肯定與鼓勵，比較泛泛。之所以拿我的親身經歷來說，就是想告訴你，讚美或者鼓勵他人，一定要讚美到點上，也就是「具體讚美法」。什麼是具體讚美法呢？

我另一個學生在一家新聞機構實習，這個年輕人踏實能幹。在一次直播中，他在關鍵時刻發揮了自己的能力，使得直播線上人數達到了前所未有的程度。直播完後，總編輯拍著他的肩膀說：「發起直播互動那一招太漂亮了。如果沒有你，中間訊號很差的時候，我們就完了。多虧你發起互動，評論區一下子熱鬧了起來。幹得真漂亮。」學生事後跟我說起這事，眼睛裡閃閃發光，他也因為總編輯的這次誇獎，在今後的工作中做得越來越好。

總編輯沒有泛泛地說：「小夥子，幹得不錯，繼續努力。」而是誇到了學生最在意的那個點上。如果總編輯沒有關注整場直播，是無法清楚說出學生到底在哪個環節表現出色的。所以說，泛泛的鼓勵，遠不如具體指出哪一點做得好，更讓對方受用。

「具體讚美法」是指以具體的事實為依據去誇讚對方。你讚美得越具體，對方就越會覺得你是發自內心的讚美，而不是說說客套話而已。

因此，想要鼓勵和讚美一個人，最好不要說：「你今天好美呀」、「你剛才的發言說得真好呀」，而應該說：「你今天一進門就讓我眼前一亮，你這套衣服的顏色跟會議室的背景太搭了，你的美感真好！」、「你今天整個發言時間也掌握得剛剛好，邏輯很清楚，特別是那句『我們要選取最佳視角孵化產品』，精準。」

及時評價法

「安娜，今天講的比上週在濟南講的進步很多。」

「小霍，你把簡報改成這樣，感覺更好。」

「小張這身衣服很可以，很酷。」

說這些話的是我的好朋友，她是一位互聯網公司的高管，高情商、人際溝通能力強，與她接觸的這幾年下來，我發現她與下屬交流的一個特點就是「及時評價」。我從她身上學到這一點：優秀的下屬是上司表揚出來的。

說到與下屬相處的方式，她說：「作為主管，我經常考慮的是如何激發下屬的動力。我摸索了很久，後來發現下屬是非常希望被上司認可的，他們希望自己的工作被看見，而我的及時表揚就是對他們工作的回饋。他們會在週報裡把我表揚他們的事情也寫進去，可見這份肯定對他們的意義。」

那麼，及時評價法的表達技巧是什麼呢？其實就是用短短的一句話來傳達鼓勵。同樣是短短的一句話，因為用詞和重點不同，表達的效果也完全不同。

來看下面這兩句話：「安娜，今天表現得很不錯，繼續努力！」、「安娜，今天講的比上週在濟南講的進步很多喔。」如果你是下屬，你覺得哪句話讓你更受激勵呢？

因為表達的內容有限，而表達的頻率相對較高，因此你需要避免出現類似的內容，比如你這次說：「幹得不錯，繼續努力。」下次又說：「進步很大，繼續加油。」長久下來，只會讓人覺得你是在敷衍，就達不到讚美的目的了。因此，想做好及時評價，有兩個訣竅：

- 明確指出這次比之前那一次好
- 明確指出好在哪兒

掌握了這兩個訣竅，當你頻繁執行及時評價時，就不會讓別人覺得你是在敷衍了。至於這種方法適用在什麼時候呢？從案例中，你可能意識到，它適合用於交流溝通時間較短的場景下，例如對方剛剛完成工作的時候，就是很適合及時評價的時機。

用事實代替形容詞和副詞

前面兩種是上司對下屬的表達法。但在職場上，我們也需要贊同上司，上司講完話、提完意見，向我們投來期許的目光時，我們就得說說自己的感想，而這個感想通常來說就會涉及對上司的行為給予評價。你可能會問，考慮到社會身份、職場地位這些因素，做下屬的怎麼去肯定和評價上司呢？

如果是「長官，您水準真高。」、「主任，您剛才說得真好。」這種拍馬屁的行為，顯然是要不得的。

我想來說說我的經驗。有一次我參與了一個由地方媒體發起的活動，全國各地的同行齊聚一堂，在論壇上、餐桌上，大家暢所欲言，很難得能有這樣相互截長補短、互相交流的機會。這家地方媒體的大管家是一個愛張羅的人，我們都叫他大董老師。這次活動能辦起來，他出了不少力。當他陪著執行長來我們這桌敬酒的時候，執行長客套地說了些感謝的話。接下來大董老師的話，給我留下了深刻的印象：

「張總，這兩位就是來自大學的教授，這是宋教授，那位是張教授。」介紹完我們這兩位老師，大董老師當著執行長的面說道，「宋教授、張教授，我們張總也是中國傳媒大學畢業的，聽說特邀嘉賓中有自己母校的老師，張總非常關注這次活動，兩位這次的差旅費用就是張總特別批准的。他說，『支援母校的一線科研教學工作，那就從協助老師們來考察開始吧！』在我們集團歷居執行長中，如此注重教育界與我們平臺之間的溝通與協作，張總是頭一個。」

大董老師說完，我和張教授立刻舉杯感謝張總：「我們中國傳媒大學的校友永遠都是這麼惦記著學校，畢業之後也會想盡辦法為學校做點什麼，我們有機會來與這麼多媒體學習，全靠您了，多謝。」張總聽我們這麼說，非常開心，隨口說道：「歡迎兩位老師暑假帶學生到我們這來實習呀！」

對長官的行為或者言語做出評價時，最忌諱的是沒有依據的直接表白。大董老師當著我們的面，用事實作為依據，對長官進行正面評價，遠比用很多形容詞和副詞更加合其心意。作為長官，他不好意思直接跟我們說，為了讓我們參與這場會議，做了哪些努力。下屬藉此機會說出來，恰到好處地達到了塑造張總優秀校友身份的目的。

第16課

會分享的人，漲粉更快

適用情境：知識輸出

「宋老師，你知道嗎？前幾天，我代表小組在全班面前發言，之後，很多同學看我的眼神都不一樣了，以前不太說話的同學都開始跟我打招呼了，我還收到幾位同學的微信，稱讚我報告做得好。」

說這話的是我的本科學生。她是一個偏內向的孩子，在播音系這樣一個人才輩出的專業科系裡，她甚至有點自卑。然而，這次分享讓她自信大增。後來她進入電視臺工作，一次例會上，她總結分享了自己出差時跟著一位資深編導的觀察，沒想到，長官要求那位編導按照她說的方向製作，甚至會後還請她去教剛入職的同事如何做分享。她能在學校和職場上脫穎而出，憑藉的就是「分享」。

分享時的內容如何規劃，這是分享者首先需要考慮的問題。下面我們來說一說如何做好分享、如何說到觀眾的心坎裡、如何輸出，讓分享為自己賦能加分。

用提問串聯起分享要點

通常在分享會上，主講人會把自己探索得來的經驗（主要是成功經驗）分享給與會者，幫助他們拓展、提升某方面的能力，比如有經驗的寶媽分享如何做寶寶副食品、減肥成功的人分享三個月內如何減掉十公斤、資深HR分享如何進行線上面試等等。

主講人需要有效掌控分享的節奏，觀眾的困惑在哪裡、瓶頸在哪裡，困惑和瓶頸就是分享的重點，主講人以提問的方式將內容分享出來，就能吸引觀眾的注意力。

小雷是一個健身達人，因為頻繁出差、熬夜趕通告、拍影片，一下子就胖了好幾公斤。為了恢復身材，他開始減脂。同事們聚在一起吃外送時，只有他吃自己做的減脂餐。同事們趁機向他取經，於是他花了九十秒介紹了自己的健身減脂經驗。

第一，「是不是只要運動，就可以隨便吃了呢？」

如果抱著這種心態來減肥，是不行的。減肥確實需要運動，但是減肥還需要控制碳水化合物的攝取量，如果你只運動，卻不控制碳水化合物的攝取，那就會越練越胖。

第二，「不運動，只吃減肥餐，可以瘦下來嗎？」

答案是可以瘦。不過，這個吃也是要注意的，比如，你可以吃糙米或藜麥，但一餐最多一百克。早上可以吃一個煮雞蛋，一杯二五〇毫升的牛奶。多吃蔬菜和水果，但不要用水果代替米飯。

第三，「是不是減下來之後，就可以隨便吃了呢？」

減肥不是一次性的，減下來之後，如果你不注意，繼續大吃大喝，那麼你之前減下來的肉還是會長回去。所以，減下來之後，雖然不用那麼嚴格，但也不能恢復之前毫無節制的吃飯習慣。

小雷話音剛落，同事們就鼓起掌來。這段分享瞬間為他贏得不少正面評價。以往大家對如何減肥有很多的錯誤認知，現在經他這麼一說，大家都明白了。

我們來分析一下，小雷的分享為什麼受歡迎，關鍵就是他這三個提問：

- 「是不是只要運動，就可以隨便吃了呢？」
- 「不運動，只吃減肥餐，可以瘦下來嗎？」
- 「是不是減下來之後，就可以隨便吃了呢？」

這三個問題都是同事們心中的困惑，小雷以自問自答的形式，既帶出他所要分享的內容，還幫同事們解了惑，贏得了他們的歡心。如果以陳述句來分享，效果就會大打折扣了。

用故事提升觀眾體驗

去年暑假，我為一家地方院校的老師做師資培訓，從課程設計、作業安排到作業點評，我把自己從教近二十年的經驗跟三、四十位老師做了分享。分享的時候，我注意到，每當我講到具體案例時，坐在下面聽課的老師會不住地點頭，因為他們對案例中的情景感同身受。分享最能打動人的部分，就是大家有相似的經歷和感受，比如一起遭遇困難時的苦悶，和解決問題後的喜悅等。

假設你需要跟同事分享如何辦理一場演講比賽，分享時長為八分鐘，你會怎麼講？我的建議是，你可以選取兩、三個小故事，作為分享的主要內容，那樣一來，你的分享不僅內容有料，趣味性也會增強。比如，關於演講比賽中如何與專家溝通，你可以這樣分享：

剛才我從辦理海選說到了複賽，進入複賽階段，一項重要工作就是聘請專家做評審委員，這次活動之所以能取得成功，與我們聘請到的專家有很大關係。專業能力強、肯合作、有時間觀念，這三點很重要。

在這裡跟大家分享一個小故事。我們這次演講聘請了一位國內知名演講類節目導播、一位資深節目主持人，還有一位資深學院派老師。最後打分結束，主辦方需要二十分鐘時間準備最後的頒獎環節。我們跟三位評審委員商量，希望他們可以利用這二十分鐘時間進行點評，一位評審委員說，他不想點評。這該怎麼辦？我一時慌了神。我用祈求的眼神看著另外兩位評審委員，希望他們能夠答應點評。結果那兩位評審委員眼皮子都沒抬，就說一個人點評十分鐘沒問題。我本來還擔心這兩位專家的點評會為了湊時間而敷衍了事，你們猜結果怎麼樣？他們把參賽選手從故事選取、演講結構到肢體語言都點評了一遍，而且非常有水準。後來很多選手跟我說，他們來參加比賽最大的收穫是得到評審委員的點評。賽後長官也跟我說，這次的評審委員找得好，說到了點上，不是來撐時間的。我們平時做活動，最難以控制的就是請嘉賓。我們希望他們為我們的活動多出力，但很多時候請來的嘉賓並不賣力。所以，活動結束後，我第一時間發給了這兩位嘉賓長長的感謝信，感謝他們的真誠付出。

看完你會發現，分享不僅需要有料的內容，還需要用故事與聽眾情緒共振，讓聽眾感受到主講人與自己是心靈相通的，這種共情也是我們在分享中必須具備的心理。

用互動創造分享氛圍

想要分享做得好，現場互動少不了。分享有兩種互動方式，一種是講者提問，讓觀眾回答，這種方式能夠抓住觀眾的注意力；另一種是讓觀眾提問，講者來回答。

如果現場觀眾提問的意願很強烈，那非常好；如果沒有人提問，你可以自己主動挑聽眾提問，可以選在你分享的時候，跟你有眼神交流的人，也可以選整個分享過程中，最專心聽講的那一位。

互動未必要讓觀眾提問，也可以邀請觀眾講一講他個人的經歷，這麼做的目的一個是讓觀眾可以發表個人觀點，另外一個就是烘托氛圍更為強烈。第一個人發言之後，很有可能掀起發言的熱潮，讓更多人積極參與進來。

分享會想要觀眾有獲得感，主講人需要在分享的最後整理出心得、經驗，把這些內容放在最後一頁投影片上。為了方便觀眾記憶，可以寫一些順口溜，方便記憶的同時，也增添了趣味性。

比如，上文關於演講比賽分享會的總結可以這樣寫：

- 專家來源多元化
- 專業點評通俗化
- 高度配合很重要
- 及時回饋要做到

分享時，會賦予主講人前所未有的關注。得到這種關注，有些人可能會產生驕傲心理，進而表現出洋洋得意、自以為是的表達姿態，讓分享一時間變成了炫耀。所以，越是受到關注，越要謙虛和嚴謹，在講話的語氣、與人互動時的姿態上，都要時時刻刻提醒自己，別把好機會浪費了。

第17課

用眞誠的情感打動他人

適用情境：動員、致歉、告別

最近，我為一家單位做演講的培訓，有一位八五後姑娘寫了自己一家三代的故事。爺爺是新中國第一批大學生，帶著奶奶離開北京奔赴西北，把一生獻給了生活條件極其艱苦的大西北；爸爸為了修建工程，身體上留下了許多傷痕；她在研究生畢業之後，毅然選擇跟隨父輩們的足跡，繼續投身祖國的建設。她的演講稿文采很好，故事精彩，但是，從專業角度來說，表達比較平、缺少感染力。為了解決這個問題，我們帶著她一句句去練習，讓她設身處地地去想像在那樣的場景下，人物應該怎麼說話。後來在正式彩排的時候，她在這方面的表達力有了明顯的提升，整個演講效果也好了很多。

如何提升自己的情感表達能力呢？我將從「動員、致歉、告別」三個不同場景出發，說一說如何運用情感為自己的表達助力。

三種情感表達場景

富有鼓動性、感染力的「動員」

職場上、生活中，需要動員的場景很多，比如學生們即將開始為期兩周的軍訓、下屬們即將參與為期三天的團建、朋友們要來一場為期十五天的自駕旅行……作為領導者、發起人，面對即將踏上征途的學生、同事和夥伴，要怎麼為他們加油打氣呢？在這種場景下，該怎麼表達才更符合你的身份呢？

- **基調準確**：「鼓動性」是這類場景表達的底色。這種場合有點像送戰士上戰場，氣勢要足、陣仗要有。這時如果扭捏或者是放不開，反而是最大的缺點。
- **感染力強**：比如大家都很熟悉的某帶貨主播，只要你點進他的直播間，就會被他打動。他身上的那種感染力，主要是通過他的語言體現出來的。他一說「所有的女生」，一下子就吸引到我們的目光了。

以團建為例，我來做一個示範：

各位，接下來的三天，我們部門將進行第三次團建活動，在這三天裡，我們不僅要總結過去一年團隊所取得的成績，還要迎接未來一年的挑戰。這三天既要動腦子，還要練體魄，我們準備了最具挑戰性的體能大練兵，大家有沒有勇氣大幹一場呀？！太好了！預祝大家會開得順利，身體放鬆好，心情調整好！我們出發吧！

這種表達最需要的是放得開。如果你不好意思、顧慮很多，表達效果就會很差。

真誠檢討的「致歉」

小張所屬的團隊正在做一個專案，長官特別重視這個專案，小張的主管想好好表現，卻在最重要的環節上判斷失誤，導致專案前功盡棄。為了支持主管，小張和同事們沒日沒夜地加班，結果專案夭折，大家心裡都不舒服。在這樣的情境下，主管把大家叫到會議室，對大家這麼說：

各位，專案砸了，不好意思，讓大家加了一週的班。我也沒有想到會是這樣的結果，畢竟誰也不能保證每個案子都有好結果。現在專案突然被中止了，具體原因我也不是很清楚。

好了，今天就不加班了，大家早點下班吧。

小張聽到上司的話，心裡特別不是滋味，倒不是因為這個專案搞砸了，而是他不能接受主管這種態度，他覺得跟著這位主管，什麼項目都做不好。

職場上、生活中，遇到諸如案子推進不下去這種難題時，作為帶頭人，需要出來跟團隊說兩句話，安慰一下團隊，這類場景該怎麼說才是最好的表達呢？在我看來，既然要自我檢討，就要真誠道歉，不做逃兵。可以分這三個步驟來表達：

- **第一步：誠懇道歉**。
- **第二步：感謝大家的付出**。可以列舉一些大家在工作中努力的細節，表明你作為負責人，其實把大家的努力都看在眼裡、記在心裡，這樣說能最大限度照顧大家的情緒，讓大家得到一些寬慰。
- **第三步：鼓勵和慰勞大家**。收尾時，需要振奮大家的情緒，給予大家某種鼓勵和犒勞。

還是上面的那個案例，作為專案帶頭人你可以這麼說：

各位同事，先給大家道個歉，這個專案我沒能帶領大家完成，讓大家失望了。（誠懇道歉）

雖然一開始我們就做好了心理準備，可是當結果出來的時候，我心裡還是很不舒服的。這一週以來，我看到大家每天加班到凌晨兩三點，小張和小李還在辦公室過夜，王姐的孩子生病她也沒有第一時間回去。看到大家的付出，我心裡既感激又難過。（感謝大家的付出）

我相信，我們這麼齊心協力的團隊，接下來一定能拿下更好的案子。今天晚上我請客，慰勞慰勞大家，即使專案沒拿到，還是要吃飯的，吃飽了才有力氣做事，對吧！（鼓勵和慰勞大家）

吐露真心，期待再見的「告別」

我的朋友史蒂芬從公司離職了，同事們很喜歡他，為他開了一個歡送會。為了歡送會上三分鐘的告別演說，史蒂芬準備了一週。雖然要跟同事們說再見了，但考慮到未來可能在其他場合還會再見面、再合作，他將這次告別演說定下樂觀的情感基調。

史蒂芬說，在這個需要人脈的行業裡，人情牌是一定要打的。「感謝、感恩、感動」是他整場演說的三大關鍵字，除此之外，他更希望用真誠的話語傳遞一個訊息，那就是：他不僅是同事，更是一個可以信任的朋友。

他的演說稿裡有一段是這樣寫的：「各位，我們一定會江湖再見的。感謝公司給了我一份工作，在這裡，我從一個職場小白成長為可以獨當一面的總監；感謝張總帶我成交了第一單，記得那天您喝多了，說我做得很好；感恩我的團隊，大家那麼信任我，跟著我熬過無數個夜晚，讓我們這個團隊成為公司的王牌團隊長達半年之久，這個紀錄至今無人打破。我一直在努力，從來沒有鬆懈過，因為面對你們，我沒有理由鬆懈。今天好像是終點，但也是我們的起點，讓我們江湖再見。」

史蒂芬說，那天晚上好幾位同事傳訊息給他，說了很多掏心掏肺的話。

在這類告別演說中，特別要注意的是，根據不同的情境，我們必須選擇不同的演說基調。

情感表達時的注意事項

在醞釀情緒進行表達的時候，也要注意以下幾個事項：

- 避免表演過度：為了達到鼓舞人心的目的，有些人可能會表情誇張、聲嘶力竭、用力過猛，這種表達反而會讓人覺得聒噪，造成反效果。
- 避免痛不欲生：表達悲痛的時候，要學會控制自己的情緒。如果發言只是為了發洩自己的情緒，就失去了意義。
- 避免冷漠收場：有些人不願意表露自己的情緒，不想讓人覺得自己可憐，於是就出現了冷漠收場的情況。其實，適度傳遞自己的情緒，也是展現人格魅力的一種方式。

第18課

情商高的人，如何安撫受傷的情緒？

適用情境：安慰他人

我的學生小胡研究所畢業後，在一所地方大學當輔導員，一個人要負責幾百位大學生，工作瑣碎又繁重。忙的時候，他一個月只能休息兩天。學院的長官對他期許很高，也給了他不少壓力。最近，他來北京出差，順便到學校探望我，一見面我就看出來，他的狀態不是很好。

「宋老師，我和我的長官明天要去拜訪一位資深專家，要挑一個伴手禮，那位專家有高血糖，我覺得選茶葉挺好的，就帶了一罐茶葉，可是長官卻說，這位專家喜歡我們當地的一種甜點，應該買那種甜點的。看的出來，長官對我有點不滿，我在想，長官會不會因為這件事，就開始對我失望呢？」

面對坐立不安的學生，我安慰道：「我覺得你考慮得很周到，你挑得沒問題，送甜點過去，我覺得專家並不喜歡。如果你的長官因為這樣就對你失望，那是他有問題。」

聽我這麼一說，小胡緊皺的眉頭一下子伸展開了。他感激地說：「宋老師，你這一句話，解決了大問題呀！」

其實，我沒解決什麼，只是做了這件事：站在小胡的角度，幫他化解負面情緒。

你是否意識到在當今社會，情緒越來越得到大家的重視，它不僅屬於心理範疇，還涉及人際關係，更可以帶來商業價值。我們發現一個擁有情緒掌控能力、善於化解他人負面情緒的人，也能夠在職場和生活中過得更遊刃有餘。

不問對錯，先發洩情緒

很多年前，我的一個女學生失戀了，她的情緒大受影響，連帶影響了學習。上課的前一天晚上她跟我請假，說自己身體不舒服。我打了通電話給她，電話的那一頭，學生的情緒非常低落，一邊哭、一邊說著她有多難過。

我說道：「好羨慕你呀。」

學生回答道：「宋老師，我失戀了，有什麼好羨慕呢？哭還來不及呢。」

我接著說：「年輕的時候，就是可以想怎麼做就怎麼做的呀，也不用看誰的臉色，或者擔心誰會嘲笑自己。你要好好珍惜因為失戀而哭泣的自己，年紀大了以後，似乎就沒有這樣的勇氣了！這難道不讓人羨慕嗎？」

「還真的是這樣。我這幾天深深沉浸在難過的情緒裡，至於分手我有沒有責任，我一點也不想知道。」

「不用想那些，想哭就哭，別委屈自己。」

「宋老師，我以為您打來找我是因為我不去上課，還以為您會批評我呢。」

「上課的內容，我會再幫你補上。我打電話給你只是想跟你聊聊，透過這段感情，你怎麼重新認識了自己？」

那天我沒有跟學生談誰對誰錯，只是陪她釋放了一些情緒。兩天後，學生交了作業，說自己已經從那段感情中走出來了，請我放心。

當一個人處於相對極端的情緒狀態時，想讓對方從激動的情緒立刻恢復到日常的狀態，顯然是不可能的。平復情緒的前提是情緒得到了釋放和宣洩，如果對方正處於情緒高亢的階段，壓制對方的情緒並不利於彼此的溝通與交流。這時候你需要的表達策略是不追究事情對錯，只關注對方的情緒狀態。等對方的情緒平復，再去聊其他問題。

感同身受，能夠消除不安

幫助對方消除不安的情緒，還可以運用「感同身受」的方法，這裡想跟大家分享一個我的親身經歷。

有一次，我跟一個節目組合作，一位攝影師跟拍一位嘉賓，在機場過安檢的時候，攝影師與嘉賓分開走。上了飛機，嘉賓身上的小蜜蜂（麥克風）不見了，攝影師一下子變得很沮喪。看到攝影師慌忙的神態，我說：「小劉，說起丟東西，有一次我去外地上課，在飛機上搞丟了上課用的硬碟，我那一天心神不寧的。我至今都無法忘記那時的沮喪心情，就像你現在一樣。其實，掉了就掉了，世界也不會因此毀滅呀。」

到了目的地，正好有同事趕來，他在機場的失物招領處找到了小蜜蜂，並帶了過來。拿到小蜜蜂的小劉後來說，當他知道我也有過掉了東西的沮喪心情時，他感覺自己不孤單，心情也沒那麼糟糕了。

為了消除小劉的負面情緒，我採用的是感同身受的表達策略。首先是講述自己相似的經歷，讓對方知道他並不是唯一經歷過這類糟糕事情的人。其次，說出對方現在的感受，和對方共情。最後再把自己走出來的方法，分享給對方。

第19課

拒絕卻不得罪人的策略

適用情境：委婉拒絕

「宋姐姐，你說她怎麼每次請人做事，都這麼好意思開口呢？」

說話的是跟我合作多年的編導小徐。她是我們大家公認的老好人，誰有事需要人幫忙，第一個想到的就是她。這麼多年下來，她成了大家眼裡經常跑腿、辦事的人。前幾天，我們一起開會，主編請各組會後把腳本印出來交給她。會議剛散會，有位姓趙的編導連看都不看就說：「小徐，你去印表機那邊把我剛剛列印的第三集腳本送過去給主編。」小徐正忙得不可開交，看了看那位正在玩手機的趙編導，還是起身走向印表機。

中午，我們一起吃飯，小徐在我身邊坐下，說出了開頭那句話。聽完小徐的話，我說道：「這件事表面來看，是她不對。但是說到底，是你不對。」

「宋老師，我做了好人，只不過現在抱怨兩句，我哪裡不對了？」

「因為你不會拒絕，你不會說不呀！」

這種對話場景，是不是經常出現在你的生活和工作中呢？與其譴責那些人為什麼好意思開口，不如反思自己為何學不會拒絕。我們該如何拒絕他人，又不撕破臉呢？

條件交換，提醒對方沒有免費的午餐

小徐跟我聊過之後，才意識到原因出在她自己身上。現在她想開了，可是怎麼委婉地回絕對方，她又感到為難。我替她想了一個主意，沒想到效果出奇地好。

有一次，小徐下樓拿外送的時候，那位趙姓編導又開始使喚小徐了：「小徐，我的麻辣燙也到了，幫我一起拿了吧。」小徐回說：「趙姐，幫你拿麻辣燙沒問題，但你得請我喝杯奶茶，我喜歡百香果雪梨口味，樓下那家特別好喝，我下樓拿外送，順便買兩杯我們喝，你請客呀！」小徐剛說完，趙姐站在那裡都傻了，半天沒回過神來，只好順勢說道：「那好吧。」最後，那位趙姐請小徐喝了奶茶，但是從那以後，她就不再隨便使喚小徐了。

同事、朋友之間幫忙做點事情，原本不需要斤斤計較，但是，不計較的前提是對方知道你不是義務幫忙的。如果對方一直請你幫忙，並且把你的幫忙當成理所當然的話，你就要學會拒絕了。在以上的舉例裡，小徐採用的是先答應對方的要求，答應之後，再提出條件。使用這個方法需要留心的是，提出的條件需要在合情合理的範圍內，如果讓對方感覺到「獅子大開口」，你委婉拒絕的打算就會落空了。

亮明底線，並提供有用的建議

前幾天我接到一位師妹的電話，她聽說我要擔任某大學主持人大賽的評審委員，希望我可以照顧一下她長官的孩子。這種事情我自然不能答應，但如果我直接回絕的話，師妹也無法向長官交代。

我思考了一下，決定這樣跟師妹說：「妳一定是沒有辦法拒絕長官，才硬著頭皮找我幫忙的吧。比賽必須要講求公平，這是基本原則。來參加比賽的學生，都是努力準備了很久，所以我不能因為某人而破壞比賽的公平性。但我也知道，長官是妳的直屬上司，如果不幫忙，她一定會埋怨你，這會影響到你在長官那裡的印象。考慮到妳的處境，我覺得妳可以這麼回覆長官。」

長官，我師姐在這方面挺有自己的原則的，我想您女兒那麼優秀，說是讓她照顧一下，其實也是向她推薦人才，結果您猜怎麼了？師姐唸了我一頓，說我這樣是破壞比賽的公平性，孩子如果知道自己不是憑實力拿的名次，而是媽媽托人找了評審委員，孩子肯定會埋怨媽媽自作主張。我想，師姐的話很有道理，嚇得我都沒敢跟她提孩子的名字。不過，師姐答應，比賽結束後，可以讓您女兒去找她，她會跟您女兒認真分析問題，看可以如何提升能力。

這種情況的表達策略是：

- 說明客觀情況以及自己的底線：「比賽必須要講求公平，這是基本原則。來參加比賽的學生，都是努力準備了很久，所以我不能因為某人而破壞比賽的公平性。」我先亮明自己的底線與原則，讓對方知道我的基本態度。
- 回絕的同時，讓對方意識到你的拒絕對他有好處，你並不是要刻意孤立他，而是要幫他解決問題。
- 回絕後要提供建議：「師姐答應，比賽結束後，可以讓您女兒去找她，她會跟您女兒認真分析問題，看可以如何提升能力。」拒絕對方的同時提供建議，而非冷冰冰的拒絕。

以玩笑的口吻回絕，不傷彼此關係

我有一個學生是熱心腸的小夥子，每次上完課，他總是拿自己的隨身碟幫同學們複製課堂練習的影片，久而久之，很多人把他的善意當成了理所當然。有一次他忘了帶隨身碟，一位同學竟然不客氣地說：「你不知道上課要用到隨身碟嗎？你怎麼能不帶呢！」後來，這個學生再也沒有帶過隨身碟。等到畢業的時候，他發訊息給我說：「宋老師，謝謝你提醒我，不能讓自己善意的幫助被認為是理所應當。」

之所以說這個例子，就是因為生活中有很多像我學生這樣的人——喜歡幫忙，但是卻慣出他人使喚自己的壞習慣。

學生小馬畢業之後，和室友小姜一起合租生活。室友小姜跟男友是遠距離，國慶假期，小姜的男友要來北京找她，小姜打算要男友跟她一起住就好，不用另外找旅館。小馬自然是不同意的，但一想到自己以後還要和小姜一起住，此時撕破臉肯定不好。於是，小馬是這麼說的：「姜姜，我還以為你要跟男友出去住呢！如果他要住這裡，我一定要歡迎他一下的吧？你看我叫我的好閨蜜來家裡吃火鍋，一起熱鬧熱鬧怎麼樣？我那些朋友比如雅美、思思，還有大家閨秀小倩，個個都單身呢。你男友這麼帥，你看看他那邊有沒有合適的人，可以介紹介紹給我這三個閨蜜啊。」

小馬這麼嘻嘻哈哈一說，小姜的臉色頓時變了，立刻說道：「馬姐姐，忘了跟你說了，我和男友要去他舅舅家住，他舅舅家在北五環那邊，房子又大，還有一輛車借給我們開，所以我們沒打算在這裡住。」

其實，小馬的本意是不想讓小姜帶她男友回來，但如果直接提出反對，小姜一定會說：「這房子租金我也付錢了，我的男友來住幾天有什麼不可以。」考慮到小姜可能會這樣反駁她，小馬就用小姜最忌諱的事情作為突破口，來解決這個問題。表面上是開玩笑，實際上，小馬是用這個方法讓小姜知難而退。

誰都有弱點，想委婉回絕對方，以對方的弱點為切入點，採用玩笑的口吻回應是最好的表達策略。特別需要注意的是，此時說話不能太嚴肅，如果你非常正式的說，那就不是委婉回絕了，可能會直接跟對方吵起來。

在委婉拒絕他人時，首先需要堅定立場，關照自己。不好意思說「不」的人，通常是一個把他人感受放在第一位的人，這種想法會在某種程度上傷害到自己，因為對方可能算準了你不會回絕，從而變本加厲。所以，只要你的立場堅定，回絕他人是可以辦到的。其次，要注意委婉的尺度，從「習慣性答應」到「堅定拒絕」的過程中，最難的可能是拒絕的尺度。我想提醒你的是，寧可尺度大一些，也不要半途而廢。

不損人也能展現幽默感

適用情境：表達幽默

中國人不太善於表達幽默，總覺得會給人不穩重的印象。但是，隨著社會的發展，人們對於幽默的認知發生了改變。一個有幽默感的人往往會給人留下深刻的印象，其個人形象也會提升很多。但是，成為一個幽默的人，對於很多人來說是件很困難的事。其實，想成為具有幽默表達能力的人，是有方法可循的。

通過模仿製造笑料

如果你想做一個有幽默細胞的人，可以先從模仿開始。模仿什麼比較好呢？可以從那些容易引起大家共鳴的內容開始。

從小到大，給我們留下深刻印象的就是老師。相信很多人都有模仿自己老師的經歷，從老師走路時的動作、上課時的口頭禪到批評學生的語氣等，這些模仿最容易引起大家的共鳴。

「我高中的班導是公民老師，眼睛很大，好像小時候看的日本動漫裡的美少女，眼睛占了臉的一半。她最喜歡在我們班後門的窗戶那邊看誰上課說話，她總是悄悄地進來，像隻貓似的，沒一點動靜。教我們那三年，她竟然從來沒有穿過高跟鞋，你說厲不厲害？每次一進來，就拿半張臉大的眼睛盯著我們，看誰說話了，就盯著他看，感覺我們站在她眼皮上得摔倒。」

班導貓在門外看到底是誰在說話的場景，是不是太熟悉了？只要簡單地描述，一個栩栩如生的班導形象就能把大家逗樂了。

另外，我們還可以從短影音平臺找靈感，現在大家都喜歡刷抖音、快手、B站（指bilibili），裡面有很多有趣又搞笑的影片。平日大家午間休息、公司團建的時候，可以試著表達一下我們的幽默。

與其冒犯別人，不如冒犯自己

拿別人開玩笑，分寸不好把握，最好的幽默方式其實是自嘲與自黑。自嘲與自黑的好處是安全係數最高，而且敢於自嘲與自黑的人，通常是內心強大的人。這樣看來，自嘲既能表達幽默，又能塑造個人形象，可謂一舉兩得。

我是一個特別嚴苛的人，對學生的要求也高，可以想像如果我一上來直接立一堆規矩，學生一定會有所抵觸。因此，第一次跟學生見面的時候，我通常會這麼說：

大家好，我是播音學院口語系的老師宋曉陽，學生們一般叫我老虎老師。有的同學以為是因為我出身東北，要求嚴格，容易生氣，那你就猜錯了。因為我是一九七四年出生，屬老虎呀！但說到要求嚴格，這倒是一個事實，要求嚴格是因為我是A型、變態的處女座，知道我是什麼人了吧！

每次這樣自我介紹後，學生在下面一定是笑聲一片，在他們看來，大學女老師都是溫文爾雅的，很少有像我這樣自報家醜的。這種自黑式的自我介紹，一方面介紹了自己，另一方面也幽默地把我的教育態度介紹得很清楚，讓學生意識到，跟著我學習需要打起十二分的精神，因為我的要求很高。事實證明，自黑式的自我介紹，在幽默中傳遞了資訊，也給學生留下了深刻印象。

我自黑利用的是東北人、生肖以及血型等個人資訊。其實，我們還可以利用自己的身高、長相以及個人經歷來自嘲和自黑，前提條件是你要能夠放得開。

我的一個朋友跟我一樣，都有出國留學的經歷，二十年前留學時，需要一邊上課一邊打工，有時候也要做一些體力活。有一次，朋友的公司在內部進行招聘，她在最後做總結的時候說道：「雖然我是獨生女，但是三年的留學經歷鍛鍊了我的體力和意志，曾經我也是在一小時之內搬十箱啤酒的南方姑娘，如果我有幸可以競聘成功，我會把自己當年搬十箱啤酒的拼勁都用上，我相信，無論是在精神還是體力上，我都有足夠的力量去克服困難。」

朋友說，她最後能競聘成功，源於「一小時搬十箱啤酒的留學打工經歷」給大家留下了深刻的印象。誰也想不到，平時衣著靚麗、妝容精緻的她會這樣自嘲，打從心底佩服她。所以說，在嚴肅表達中加入些許幽默元素，絕對可以起到錦上添花的作用。

最近幾年，隨著脫口秀節目的火紅，你會注意到很多喜劇演員的段子同樣採用的是自黑自嘲的方式。深受大家喜愛的脫口秀演員徐志勝很擅長這種方式。他在節目中是這樣介紹自己的：「節目播出之後，大家討論我時都會用到一個詞『長相優勢』（臺下眾人笑）。對於我的長相，有一位網友發私訊給我說：『志勝呀！我好羨慕你的天賦，卻害怕長成你的樣子。』（臺下眾人笑）我發現這個長相優勢，也太容易失去了。前一段時間節目播出之後，我去拍了一組藝術照，我就發現我這氣質，確實給人家的工作造成了很多困擾。」（臺下笑聲一片）

看到志勝在節目中這麼自黑，我們更是開心地哈哈大笑。看來無論是在綜藝演出還是日常工作與生活中，「冒犯自己」都是最安全的表達。

有趣的共同經歷是好素材

老同學聚會、朋友結婚或者參加公益性質的讀書會，在諸如此類的場合，一個會幽默表達的人，會讓現場的氛圍更好。如果你覺得拿他人開玩笑很難掌握分寸，擔心他人不能接受，那麼你可以說一些跟在場的人相關的趣事，活躍現場氣氛。

假如你的童年玩伴結婚，你作為親友團被叫上臺說一些話，你會怎麼說呢？

大家好，我是小董，是新郎的童年玩伴。現場除了阿姨、叔叔（新郎的爸爸媽媽），我是認識他時間最長的那個人。今天新郎結婚，作為朋友，我由衷地開心，終於把他送到了嫂子身邊。嫂子，以後我們哥們兒聚會喝酒，我只找妳，妳說可以，我們再聚。那年我爸生病住院，他二話不說，跟我一起跑前跑後。忙到一個段落，我倆坐在醫院椅子上，我看著他的腳說：「你的鞋跟我剛買的那雙一樣，你的多少錢？」他累得閉著眼睛說：「你那鞋那麼難看，我才不會買呢！」後來我才發現，我們兩個不知道什麼時候把鞋穿錯了。那時候我們就說，「鞋可以穿錯，朋友不能交錯。」哥們兒，新婚快樂，你這個朋友我這輩子交定了！

在小董的發言中，我們可以看出，新郎與他一起為他住院的父親忙前忙後這件事，是兩人人生中特別重要的一次經歷，在小董需要幫助的時候，作為朋友的新郎義無反顧，這感人的瞬間讓彼此印象深刻。幽默地講述兩個人的共同經歷時，不僅活躍了氣氛，也讓雙方的情意進一步加深。在生活中的很多場合，我們都可以選擇用幽默的方式，將這種情感深厚的日常故事娓娓道來。

幽默表達需要注意兩點，一是玩笑切忌開過頭。有些玩笑是不適合在第一次見面的人面前，或者在某些場合說。比如以前同住宿舍的同學，平時開玩笑的程度可能比較大，但在畢業多年的聚會上，就需要考慮哪些話適合說、哪些話不合時宜。二是切忌拿他人隱私當笑料，朋友、同事之間長期相處，不免知道一些人的隱私，如果不顧及對方的感受，把這些隱私拿出來當成幽默表達的素材，顯然不太合適。

關鍵時刻，講出你的實力

5 演說型表達

第 21 課　在公眾面前如何大聲講話
第 22 課　這樣做工作報告，讓老闆更器重你
第 23 課　讓你的發言為成果加分
第 24 課　別讓肢體動作出賣你
第 25 課　好的簡報設計，能為表達錦上添花
第 26 課　事前彩排，做到萬無一失

第21課

在公眾面前如何大聲講話

適用情境：公開演講

前一陣子，我幫一個單位做演講培訓，一位叫小陳的學員，是個陝西姑娘。從撰寫稿子到製作簡報，小陳一直做得非常好。可是，到了上臺試講時，問題就出現了。儘管小陳的稿子寫得非常棒，可是在能容納兩百多人的會場裡，她的聲音顯得太小了，坐在最後一排的人根本聽不到。很快的，臺下的觀眾轉移了注意力，低頭看手機的人漸漸多了起來。

同時參加試講的還有學員小張，相比小陳，她的稿子沒那麼好，但小張是個東北姑娘，從小就是個大嗓門。上臺試講時，小張先是大聲地向現場觀眾們問好、自我介紹，然後自信從容地開始了她的演講，期間聲音洪亮、中氣十足，坐在後排的觀眾聽得清清楚楚。兩人試講完，培訓現場的大家一致覺得小張講得比小陳好。

聽到這裡，相信你也發現了：大聲清晰的講話方式，能為我們的表達提亮增色。小陳的稿子雖然不錯，可是由於她說話聲音太小，演講效果並不好；而小張的演講稿件內容雖不太出色，可她通過洪亮、清晰的話語，把自己熱情、積極的一面展現給大家。和其他選手相比，她既不溫吞，也不聒噪，臺上表現與眾不同，讓在場試聽的觀眾留下了深刻的印象。

有人可能會說，有理不在聲高，大聲說話真的有那麼重要嗎？其實，在公共場合講話，適當放大聲音是需要的，如果聲音太小，聽眾聽不清、聽不見，你的話語就沒有辦法發揮作用；聲音時大時小，也會造成觀眾對你所傳遞資訊的誤解，甚至直接影響你的個人形象，即便我們說的話再深刻、再有道理也於事無補。

職場中的我們，經常會有在公眾面前講話的機會，學會大聲講話，才能更好地增加自己的影響力，贏得更多機會。

突破障礙，大膽發聲

演講培訓結束後，我找到了小陳，問她為什麼上臺後講話這麼小聲。小陳告訴我，她平常說話的聲音就是這樣，覺得大聲說話會冒犯到他人，所以沒有大聲講話的意識。而且上臺之後，她還追求那種娓娓道來、自然從容的表達狀態，卻沒有考慮到臺下聽眾的感受。

像小陳這種心理，相信很多人也有，而怕冒犯、驚擾他人是最常見的心理。這裡我們一定要分清楚，「大聲講話」和「喧嘩」是兩回事。區分這兩者最簡單的辦法，就是看周圍人的注意力在哪。在公共場合中，周圍人的注意力並不在你的身上，這個時候如果大聲講話，會吸引別人的注意，打擾到別人，這種行為我們稱為「喧嘩」。而當眾演講時，大家的注意力已經全部集中在你的身上，所有人都在等待接收你的資訊，這個時候，你就需要把聲音調到最大。

掌握技巧，正確用聲

除了「不敢大聲說話」這一心理障礙外，還有一些人是「不會」大聲說話。有些人覺得「要大聲說話，那我喊出來不就行了」，不是這樣的，先要闡明一點，大聲說話並不等於大喊。大喊，是通過擠壓、摩擦我們的聲帶來提高音量，這樣發出的聲音，既不持久，也不好聽。五分鐘的講話，喊了不到兩分鐘，嗓子就疲勞了，長久下來會給我們的聲帶造成不可恢復的損傷。

正確的發聲方式，是用我們的氣息把聲音推出去。我們要做的第一點，就是雙腳站定、挺直腰背，讓我們講話時能夠更平穩、更順暢地呼吸。

在做好肢體準備後，我們要做的第二點就是提高音量。在公眾面前講話，我們總會不由自主地只顧及最近的人，這是人在講話時的下意識行為，而我們要做的就是主動調整自己，想像一下如果呼喚最後一排的聽眾，要用多大的音量。音量確定了，我們才好自如地控制氣息。

第三點就是要打開我們的口腔。有人會問：「只要說話，不都是要打開口腔嗎？」

是的，但這裡說的是要讓後方兩側牙開合。怎麼去感知後方兩側牙開合？這裡教大家一個小方法，用手去摸我們的耳朵下方靠近咀嚼肌的骨頭，也就是俗話說的「咬肌」，看看說話的時候，能不能感受到明顯的開合。我們總聽人說「這人說話嘴巴沒打開，聽不清楚」，其實就是後方兩側牙沒有打開，這種人給人的感覺就是咬著牙說話。只有打開口腔，才能讓我們更好的提高音量。

第四點，也是最重要的一點，就是呼吸。如果說聲帶是汽車的發動機，那呼吸就是油箱裡的汽油。車跑得有多快、有多遠，全看汽油多少；我們講話的聲音有多大，吸一口氣能講多久，看的就是呼吸。

那麼，是不是只要猛吸一口氣，我的音量就能提高呢？答案是可以，但是想要維持音量，這還遠遠不夠。因為講話需要完成吸氣和吐氣兩個動作，猛吸一口氣，只是完成了吸氣動作。這時候，所有的氣全都堆積在胸口，這會導致我們在講話時，沒有辦法均勻地吐氣，將全部氣息都用在第一句話上，到最後，越說聲音越小，變得開高走低。

正確的呼吸方式是口鼻同時緩緩地吸氣，接著腹部發力，通過我們腹部的肌肉，去控制說話時的吐氣量。腹部發力時，我們可以嘗試感受一下，去摸摸肚臍下方三指的位置，這個位置就是我們常說的「丹田」，如果這裡是繃緊的狀態，就說明你已經開始掌握用腹部控制呼吸的方法了。

反覆訓練，熟練發聲

剛剛我們講了如何打破心理障礙，以及提高音量、掌握發聲的技巧。如果你是第一次接觸，可能會覺得很複雜，試著做了一下，發現自己好像不會說話了。這其實是很正常的現象，因為以上這些技巧，其實是在改變我們以往的錯誤發聲習慣，一開始不熟悉、不會用都是正常的。下面就為大家介紹幾個幫助我們逐步適應的訓練方法：

發長音「衣」

在條件允許的情況下，我們可以在遠處找一個參照物，比如一棵樹、一堵牆，如果是在家訓練，可以對著遠處的花瓶、電視等，然後像我們剛才說的那樣，雙腳站定，然後緩緩吸氣，再均勻吐氣，注意不要晃動肩膀，接著發長音，唸衣服的「衣」。

儘量要讓自己的聲音能夠傳播到你所選擇的參照物，看看一口氣能維持多久。在熟練了之後，我們可以再嘗試，調整自己的音量大小。反覆進行這個訓練，直到我們能在一口氣中自由地控制音量的大小。長音訓練，練習的是我們腹部對呼吸的控制力度，控制得越穩健，聲音就越持久。

呼喚阿毛

接下來的訓練叫「呼喚阿毛」，很像山歌當中的對歌。想像你站在山的這頭，阿毛在山的另一頭，你要呼喚阿毛，讓他聽見你的聲音。聲音要盡可能長、盡可能大，試試自己的聲音能發多遠。因為「阿毛」這兩個字都是嘴巴開合度較大的讀音，因此我們通過這項訓練，既練習呼吸，也練習口腔的開合度。

氣泡音

不同於剛才兩種訓練，氣泡音的訓練是我們在大音量講話後，對於嗓子的保護和恢復性的訓練，類似於健身後的拉伸動作。氣泡音，指的就是發出的聲音有如水中冒出一連串小顆粒氣泡，這是一種通過振動我們的聲帶發出聲音，起到按摩聲帶的練習。

氣泡音的發音要點是，首先我們要保持身體的放鬆，然後平穩吸氣，注意不要只用鼻子吸氣，而是口鼻同時吸氣，吸氣的時候一定是沒有聲音的。吸氣後，再發「啊」這個音。必須注意的是，不要通過喉嚨用力去擠壓聲帶、擠出聲音，而是通過腹部發力，微微送氣，用氣流去振動聲帶發出氣泡音。

如果大家剛開始學習，掌握不到要領也不要著急。可以嘗試先正常發「啊」這個音，然後緩緩地降低音量，放慢發出聲音的動作。用氣泡音來按摩聲帶，能保護嗓子，讓我們能更科學、健康地發聲。

此外，大聲講話時有三個「不要」。

第一個是「不要用盡全力」。剛接觸發聲的朋友，最容易犯的錯誤就是全身用力，覺得只有用力，才能把聲音喊出來。這種行為很容易造成我們的聲音突然間放大，不僅會嚇到聽講的人，也會對我們的嗓子產生很大的損傷。就好比跑步的時候還沒熱身好，就百米衝刺一樣。

第二個是「不要快速呼吸」。大聲講話是一種耗氣量大的發聲方式，關鍵在於深吸氣、緩吐氣。如果快速地呼吸，會導致我們的吸氣太淺，吐氣不均勻，進而影響到講話品質，也就是常說的喘不過氣來。

第三個是「不要語速過快」。學大聲講話，其實很像我們看到的打太極，整個過程一定是伸展的、舒緩的，有些人學習的時候，由於不熟練，很容易出現「顧此失彼」的情況，音量提高了，語速卻控制不住了，於是越說越急、越說越快，聽眾聽起來就會覺得聒噪。因此，在公眾面前大聲說話，平穩的表達節奏也很重要。

第22課

這樣做工作報告，讓老闆更器重你

適用情境：年度報告

表達前的準備：內容搜集、標題確定、結構選擇

在做工作匯報之前，我們需要先考慮一下工作匯報需要的時間。通常來說，文字稿件控制在三千五百字，時間控制在十五分鐘比較合理，也可以根據自己的語速做相應的調整。

內容方面，可以把自己每個月的月報拿出來，看看自己參與了哪些專案，有哪些重要的資料、圖片、影片和值得分享的故事，然後列一下工作總結的提綱。在搜集資料的階段，我們可以多羅列一些內容，但是最終放進報告裡的一定是最具有代表性的項目，也就是重點項目。

有人會說，如果只說重點項目，會不會讓長官或同事以為自己只做了這些事，而忽略了自己做的其他工作。沒錯，這裡指的當然不是只說重點項目，對於非主要工作，也可以用一點時間簡單交代一下。

另外，還需要幫自己的工作總結取一個題目。很多人一說到工作總結的題目，想到的通常是「○○年工作總結」，下面寫上自己的名字。試想每個人都這樣的話，你的總結怎麼會讓人記得住呢？所以我的建議是，給你一年的工作擬定一個新穎的題目，讓你從標題就脫穎而出。

整個工作總結要用什麼表達結構呢？你可以按照「第一、第二、第三」這種結構表達。此外我想提醒你的是，把你覺得最需要分享的、最重要的工作內容放在最前面。

互動式開頭、共情式表達、新觀點輸出

想要做出一份與眾不同、讓人耳目一新的工作總結，除了上面那些前期準備之外，你還可以採取以下的表達方式：「互動式開頭、共情式表達、新觀點輸出」。

一個好的開頭，是成功的一半。當前面幾位同事說得大家昏昏欲睡時，輪到你發言了，你該如何挽救這種「車禍現場」呢？互動式開頭肯定是首選，可以把大家的注意力都聚集到你這裡來。通過內容吸引人，遠遠沒有直接互動效果好。比如，你可以這麼說：「歡迎各位來到策劃組張念念的直播間，哈哈，想問在座一個問題：你吃過乾隆白菜嗎？這道菜的材料是白菜心，還是白菜根？是用純芝麻醬，還是二八醬調的呀？它到底是不是一道涼菜呀？不管是涼菜還是熱菜，接下來請大家聽聽我今年有幾道硬菜吧！」

最近一家地方電臺的兩位主播在節目中互槓了起來，連帶也讓「乾隆白菜」這個菜名在網上一時間變得討論度極高。當你用時下熱門的話題當梗，作為互動式開頭時，就可以將同事的注意力吸引到你身上，引起大家對你接下來要講的內容的興趣。

想要自己的工作總結與眾不同，最重要的是觸動聽眾的情緒。「我們是同一條船上的」、「我的苦惱就是你的苦惱」、「這件事我也經歷過」這些話可以打動同事，讓他們感同身受。

怎樣才能達到這種效果呢？「講故事」。以上文策劃組張念念的年終總結為例：

今年的雙十一，是最艱難的雙十一。大促銷活動從十月二十日開始，我們的前置準備期是在國慶假期之後。記得十月十九日晚上，已經連續熬夜一周的我在茶水間倒咖啡，結果站著睡著了。你們知道嗎？我從來沒有睡得這麼熟過，我還夢見回家吃我媽做的酸菜餡蒸餃，正要蘸著蒜汁咬一口的時候，海倫把我叫醒了，可惜沒吃上餃子。

這段小故事可以迅速打動大家，雙十一大促是怎麼折磨人的大家都清楚，人在最累的時候就是希望被照顧，回家吃到媽媽做的飯，對於在外打拼的人來說是最幸福的事。所以，說一個可以觸動聽眾情緒的小故事，也是工作總結中可以考慮的內容。

如果工作總結的聽眾中還有自己的上司，該如何讓上司滿意自己的工作總結呢？

對於上司來說，下屬與自己的目標保持一致是最重要的。因此，想要讓上司感到滿意的話，你就需要多講一些觀點句，例如上司平時反覆強調的表述、公司重要會議中提到的新說法，抑或是你對目前自己工作的思考都可以放進來。如此一來，既能使工作總結的內容更充實，也能讓上司看到你獨立思考的一面。

總結時的注意事項

切忌流水帳式的匯報

如果你將自己的工作從一月到十二月，一天不落地講出來，會讓聽眾抓不到重點，那就等於什麼都沒說。表達永遠只說重點，不重要的內容一筆帶過就好了。

切忌自吹自擂

工作總結是職場人士的自我總結，在陳述自己做的工作時，要本著「實事求是」的基本原則。有的人為了顯示自己的與眾不同，會誇大其詞，結果不僅沒能錦上添花，反而讓自己陷入不利的境地。

姿態忌諱扭扭捏捏

由於日常生活中，在公眾面前說話的機會不多，一下子要面對自己的同事，很多人會出現緊張情緒，這都很正常。在這裡要提醒你的是，不能一直處於扭捏的姿態中。有些人會這樣說：「不好意思，我有點緊張」、「怎麼辦，我越說越慌」等等，可能在你看來，這麼說可以得到大家的諒解，但事實上卻不是這樣，反而會給主管留下上不了檯面的印象。所以，總結前多做功課、總結時從容大方，才能做好工作的總結。

切忌馬虎應付

還有一些職場人士對於年終總結抱著滿不在乎的態度，覺得是在同事面前講話，就不注意自己的形象，衣服皺巴巴、頭髮亂糟糟、簡報做得粗糙、說起話來態度很隨便。如果你上臺時是這種表現，將會使你個人的形象大打折扣。

第23課

讓你的發言爲成果加分

適用情境：代表發言

能代表團隊發言，一定是長官對你個人的專業實力、表達能力的高度認可。想要把這個工作做好，需要注意以下幾點。

臨近年末，很多單位都會舉辦各種形式的年會，或者邀請相關人員參與一些職業論壇。我的一位學生小馬在互聯網公司工作，他所在的團隊負責的一個專案最近取得階段性的突破。小馬是播音專業出身，個人形象很上得了檯面，作為團隊核心成員，長官決定由他代表團隊進行一次發言。經過精心的準備，小馬的表現非常棒。發言結束後，長官高興地說：「我們的工作做到了七十分，你的發言又加了三十分，最後是十全十美呀！不錯不錯。」

在準備發言這件事上，學生感慨良多，他跟我分享了自己的工作方法。

首先，向團隊成員收集資訊時，需要具備一定的社交技巧。無論你在團隊中處於什麼位置，想要代表團隊去發言，你就要獲得整個團隊的支持，因此，你需要跟團隊成員仔細地溝通。如果是代表團隊做某個專案的發言，你得向團隊中負責該專案的同事瞭解情況，為了防止資訊的遺漏，在對方允許的情況下可以錄音；如果需要對團隊這一年的工作做一個總結，那就需要與團隊負責人對接，把這一年中團隊完成的工作整理一下，看看哪些內容需要放到發言裡。與團隊中每一位同事對接、溝通時，也是考驗你職場上的社交能力。有些人可能認可你，覺得由你代表發言最合適，但也有些人可能心裡不服氣，跟你對接的時候說話陰陽怪氣，他所提供的內容就需要你自己進一步核實檢驗。

小馬說，在跟同事溝通的時候，他學到了很多。同事配合與否，其實全看個人的社交能力。如果跟同事約的是上班時間，他通常會幫對方帶一杯咖啡；如果約的是下班後談，他會選一間餐廳；如果同事老家在江浙一帶，他就選公司附近的一家江浙小館邊吃邊聊；如果同事家裡有小朋友，他會替同事的孩子買個甜點表示感謝。總之，一圈聯繫下來，以往跟他交流不多的同事，藉此還走近了許多。他知道，這次發言效果好，得益於大家的幫忙，所以當天晚上他向每一位幫助他的同事發了感謝信。

小馬說，跟同事溝通完之後，有一項工作很重要，就是把自己瞭解的資訊和內容跟對方確認。確認的目的，是避免資訊傳遞錯誤。如果你發言完，團隊裡有人說你講得不對，說你理解錯了，說你講的內容並非他本意，你之前所有的努力都會付之東流。

其次，突出重點，專業內容需要有專人把關。

另外，總結與發言一定要說重點，如果你是團隊的負責人，你對業務很熟悉，這對於你來說，難度相對較小。誰做的事，誰就知道工作重點、關鍵在哪裡。但如果在專案的核心環節上，你的參與度不高，那麼，核心環節如何闡述，就需要有人幫你把關了。一些專業術語如何表述才準確、發言內容的前後邏輯等，這些都需要把關人來確認。一旦表達錯了，你的專業性就會受到質疑，間接影響到團隊的形象。

最後，拔高立意，用工作成果為團隊定調。

既然代表團隊發言，就要加入一些關於團隊整體情況的評價，比如對團隊組織、團隊建設、團隊人才梯隊培養等方面的評價。你可以說：「這是一支在關鍵時刻，隨時可以衝上去的團隊」、「我們團隊可以承擔省級重點專案」，這類的表達是你作為代表發言的關鍵所在。代表團隊發言和自己發言最大的差距就是，前者要站在團隊的格局和高度上，考慮發言內容。

既然代表團隊發言，你就是在眾人之中被挑選出來的那個人，肩負著團隊的希望，所以你需要做好最基本的彩排和試講工作。人們可以體諒你由於緊張造成的狀態不佳，但是不能原諒你由於前期準備不足而出現忘詞、卡詞以及簡報播放不順等演講事故。所以要做好團隊發言，還需要反覆練習，保持最佳狀態。

第24課

別讓肢體動作出賣你

很多學員會說，「宋老師，表達不是嘴巴的事嗎？肢體也能說話嗎？」無論是職場上代表團隊發言，還是聚會上跟朋友聊天，除了用說話來傳遞我們的情感和真實想法外，還需要用到肢體語言，而想要瞭解肢體語言，就要先瞭解自己的肢體動作習慣。

通常來說，肢體語言是指人的面部表情、身體姿勢、肢體動作和體位變化。演員何冰有一次在跟觀眾分享演技的時候，提到假如這場戲需要演員把身處寒冬室外的「冷」演出來，就不能只用嘴嚷嚷「好冷呀！」，這時候還需要演員用動作表演出「冷」，比如搓手、跺腳等。觀眾雖然身體上感受不到冷，但演員做的這些動作卻能傳遞寒冷的資訊，讓觀眾感同身受。人的肢體也會說話，這就是「肢體語言」。

日常生活中，每個人都有習慣性的動作，可能我們在不自知的情況下，做了一些不合時宜的動作，向對方發出了跟自己的本意完全不同的信號。例如一個人平時有抖腿的習慣，他不自覺的抖腿在對手的眼裡就變成了挑釁。如果你問他，為什麼在發言的時候抖腿，他可能會說：「我抖腿了嗎？我都沒有意識到。」

俗話說：「站有站相，坐有坐相。」指的就是我們每個人都要管理和使用好自己的肢體語言。拿我們播音專業的人來說，最基本的要求是不能駝背，要保持挺拔的站姿。因為在錄製節目的時候，攝影機會全程拍攝，假如主持人坐姿不好看，從鏡頭上看起來就像是趴在桌子上，看上去沒有精神。所以，即便是坐著主持節目，主持人也只能坐在椅子的前三分之一處，同時腰部要挺起來，不能彎腰；站著的時候要注意打開肩膀，不能縮著肩膀、斜視他人，那些看上去不禮貌的身姿都必須避免出現。日常生活中的我們，也需要瞭解肢體語言，知曉自己習慣性的肢體動作，儘量讓肢體語言為自己的形象和表達加分。

最近我的一位研究生學生，去了各家電視臺參加主持人大賽，在很多場賽事中都進入了決賽。回來後他找我做匯報，給我看了三四支影片，這些影片大多都是他一個人站在舞臺上主持。

我是怎麼把學生訓練成站在舞臺上落落大方的主持人的呢？通常來說，有三個方面的肢體語言需要我們特別關注，分別是手勢、眼神、身姿和步伐。

接下來，我會重點介紹一下這三方面的肢體動作怎麼做最合適。

手勢：注意幅度和頻率

日常生活中，我們說話的時候都會不自覺地用到手勢。有些時候手勢是輔助表現情緒的，比如你早上出門被一個騎自行車的人撞了一下，你會不自覺地抬起手臂揮一下，這表示你在釋放自己的煩悶情緒。有些時候手勢代表著資訊，比如你走進組長辦公室，他正在打電話，只見他用手指一指電話，然後豎起食指，意思是他再一分鐘就講完電話了。而我們在公開講話的時候，手勢的輔助性作用，更多的是體現在情緒上。隨著情緒的起伏波動，我們的手勢會自然地展示出來。一個人說到興奮的時候，如果還是呆呆地站在臺上，就顯得太奇怪了。

主講人站在眾人面前講話，如果手勢幅度小，比如只是抬起手微微示意了一下，觀眾是感受不到的，因為舞臺與觀眾的距離較遠，較小的動作，觀眾看不到。所以，我們不能把日常生活中的肢體表達方式用在公開表達裡。公開表達的場景下，手勢也好，動作也罷，要做到位，做到位的意思是幅度要夠、開合度要大。當然，也不能太誇張。一個人站在臺上說著說著，突然間就做出比較大的手勢和動作，會給人突兀的感覺。

此外，還要考慮到動作的頻率。生活中，你是否注意到有些人在你面前說話的時候手勢特別多，好像他不是用嘴跟你交流，而是用手跟你說話，其實這也是要不得的。怎麼做才合適呢？彩排的時候，我們可以錄影，回來復盤的時候，就可以看一下自己的肢體語言。日常生活中，最好的辦法就是對著鏡子練習，想像自己站在臺上，將訓練的重點放在肢體動作上。

在這裡提醒一下，你可以不斷嘗試怎麼做手勢，但是不要一邊講一邊想手需要放在什麼位置。一旦產生了設計手勢的想法，等到上臺的時候，動作一定是僵化的，看上去就像個木偶一樣。

眼神：自信和篤定

很多人一聽說眼睛要有自信和篤定的感覺，下意識的反應是「瞪大眼睛」。其實並非如此，自信的眼神到底應該是什麼樣的呢？想像一下，辯論賽上辯手回擊對方的眼神、體育場上運動員衝向目標時的眼神。有氣勢和陣仗的稿件文本更能把主講人的情緒帶出來，讓他更加自信。

當然，這些訓練也需要借助鏡子完成，主講人在鏡子中要不斷地觀察和調整自己。

身姿和步伐：與形象相符

小米CEO雷軍每年都要做一次公開演說。你是否注意過，他是怎麼上臺的呢？是穩健地一步步走上去，還是小跑著上去？其實這些細節，都是需要事前考慮和設計的。

人們會通過雷軍這些動作，對其個人和小米企業予以判斷。所以，一位CEO在公共場合的身姿和步伐，可以說跟企業的命運是息息相關的。沒想到在公開演講中主講人的上臺姿勢，也會有這麼多的講究吧。作為一家企業的領導者，他個人的形象與企業的形象需要保持一致。現今企業的社會形象打造與傳播，更多是依賴企業的執行長，所以企業CEO在公開場合講話時，一定會注意這些細節。

當你在公眾面前講話的時候，你想給觀眾留下什麼印象，你的身姿和步伐也需要相應配合。如果你想給觀眾留下穩健的印象，那麼你上臺的時候就需要步伐堅定；如果你想給人留下富有活力的印象，那麼你上臺的時候就可以採取小跑姿態。

自從賈伯斯在蘋果新品發佈會上來回踱步演講之後，國內很多企業家都在效仿。顯然公眾形象的打造也是有潮流的，來回踱步，可以讓人倍感輕鬆，有其可取之處，但是在呈現的過程中，也有需要注意的地方，比如什麼時候走、什麼時候停、在臺上往哪個方向走等。並且展示簡報的時候，你需要站在既不會妨礙公眾的視線，還要考慮現場直播鏡頭的位置。

當我們把這些因素全盤考量後，才會意識到臺上的走與停所需的整體設計。

第25課

好的簡報設計，能爲表達錦上添花

前幾天，我去一家企業內部舉辦的演講比賽擔任評審委員，其中有一位參賽選手的簡報引起了我的注意，長達八分鐘的演講，臺上的大螢幕一直播放著影片，主講人站在舞臺中央演講，可是觀眾的注意力都被大螢幕播放的影片吸引過去了。還有一位選手，演講全程都用了配樂，現場沒有音控，整個演講過程中，這位選手為了讓自己的聲音蓋過音樂，一直在大聲說話。

演講中的簡報準備的好，是錦上添花；準備不好，就是雪上加霜了。在演講中，隨著主講人的講話，大螢幕上會不斷播放簡報，那些具有衝擊力的影片、圖片會映入我們的眼簾。大到新產品的發佈、公司戰略，小到工作匯報、年終總結，在公開講話的場景下，這些視覺元素已經成為整個表達過程中不可或缺的一部分。主講人與簡報之間是何種關係？作為語言表達的輔助性元素，簡報該怎麼設計規劃呢？

接下來，我們來講一講。

圖片清晰、文字要少

圖片是簡報的主力，在簡報演講中，你需要使用很多圖片來輔助講解。那麼，該如何選取圖片呢？一般來說，我們要選取那些像素高、資訊完整的圖片。很多圖片雖然在電腦上呈現效果不錯，但一放到大螢幕上就會有點模糊不清，這通常是因為圖片像素低。此外，主講人需要通過圖片傳遞資訊，讓觀眾知道這張圖片與主講人此時此刻所講的內容之間的聯繫，因此主講人所使用的圖片要具有很強的「證實」功能。當然，簡報中的圖片還有背景裝飾的作用，因此也要保證圖片的清晰度。

文字資訊需要考慮的是字體、字型大小及其排版。你可以根據自己的喜好以及講述內容的風格選擇字體，並根據螢幕的大小選擇字型大小。製作好簡報之後，要在彩排時觀看演示效果，再做進一步修改。

有些主講人會錯誤地認為觀眾在聽自己講話的時候，會自行讀取簡報上的資訊，這顯然是不切實際的想法。在公開演講中，簡報上的文字主要是提煉觀點，作用在於輔助，所以，滿滿的文字是簡報設計和使用中最忌諱的表現方式。看著一大堆文字，觀眾會有極強的壓迫感，連聽下去的動力都沒有了。因此，簡報很重要的一個功能是輔助主講人，但是不能成為主講人的提詞機。

影片資訊點到即可，音樂不能全程放

現在很多人會在簡報中加入影片，影片怎麼用？用在哪裡？這裡面的說法很多。如果是企業高管做公司戰略或者新品發佈這類的商務演講，一般在上場前會播放具有熱場性質的短影音。當主講人提到公司發展這一路走來的艱辛時，可以播放紀錄性質的短影音。如果是新產品發佈會，主講人在介紹新產品時也會播放具有說明性質的短影音。使用影片介紹的一個好處是，可以讓觀眾有更加直觀的理解和感受。

很多人在使用影片時也會出現一些盲點。我最近參與指導了一場某系統的全國青年演講比賽，由於疫情的關係，選手們是以「雲選拔」的方式參賽，很多選手會選在攝影棚演講。攝影棚的燈光、大螢幕等設備都很好，有的人覺得這麼大的螢幕如果只是播放靜態的簡報，有點太大材小用了，於是他們用一些動態影片作為演講的背景。這時，觀眾的注意力就很容易被主講人身後的影片所吸引，而忽略了主講人所講的內容。

演講的中心是主講人，如果使用影片，特別是全程以影片為背景時，就會喧賓奪主。任何時候都要記住，觀眾看的是人，聽的是主講人的分享與觀點，而不是大螢幕上的影片。

除了不能全程播放動態影片外，也不能全程播放音樂。很多主講人為了營造氛圍，人沒上臺，音樂先起，好像這不是演講，而是一場朗誦。雖然演講人在抒發情感、烘托氣氛的段落可以使用音樂，但不能全程使用。還需要注意的是音樂的音量，不能蓋過主講人的音量。我之前擔任演講比賽的評審時，有一位演講者的鋼琴伴奏聲音過大，導致我很難聽清他說話的內容，因而讓我留下了非常不好的印象。

如何讓簡報為自己的表達加分？

好的演講，簡報的作用是烘托氣氛、營造氛圍，從視覺上將觀眾帶入主講人的話題中。因此在演講時，主講人只需要偶爾提到簡報即可，不必一邊講一邊說：「我們來看下一頁。」

有些主講人站在臺前，手裡拿著簡報筆，一邊講一邊翻簡報，說得最多的是「我們來看下一頁」。如何避免這種呆板的表達方式呢？下面我舉一個案例來說明。

當你要用三頁簡報介紹公司最新推出的一款迷你小煎鍋時，可以這樣說：

各位好，我為大家介紹公司最近為單身人士量身打造的「一人食」系列廚具之我的小煎鍋（展示第一頁簡報，圖片是新品小煎鍋，略梨綠色，左邊是圖片，右邊是規格指標）。跟你家裡那些二十六吋大煎鍋相比，這款小煎鍋的大小恰好適合一個人自煮。來看一下具體規格吧。小煎鍋只有十六吋，酪梨綠色、黃色和紅色三種顏色任你選。電磁爐、瓦斯爐都可以使用。

這樣一款嬌小可愛的小煎鍋能做什麼美食呢?(展示第二頁簡報,各式美食的圖片)早上起來喜歡吃煎蛋的小姐姐,你可以不用放一滴油。喜愛煎餃的話,來一個無油版,只需要加兩小匙水,靜候五分鐘就可以吃了。如果想吃蔬菜煎餅,更是方便至極。如此一來,美食做好了,你也不需要盛到盤子裡,把這個小煎鍋直接端上桌,跟你的白色桌墊相當搭。拍一張早餐圖片,發到社群媒體,美好的一天從「一人食」開始了。(展示第三頁簡報,美食與不同傢俱、餐具產品搭配的圖片)。我們推出的「一人食」廚具上市以後,受到年輕人的熱烈追捧,總結起來,顏值高、使用方便是最大賣點。

主講人用三張簡報介紹了這款新產品的相關內容,從小煎鍋的基本資訊說起,自然接到如何利用新產品製作各種美食,最後再講到廚具本身與其他家具的搭配性,相信在座的觀眾都會被主講人的精心設計所吸引。這就是完全將簡報與自己的表達結合起來的好例子。

為了幫助觀眾快速準確地找到主講人希望關注的資訊點，可以用語言進行提示。比如「你現在看到的這張海報，中間這位穿紅色大衣的女士就是我們此次重點打造的流量明星」，這樣一說，就能吸引觀眾的注意力。

第26課

事前彩排，做到萬無一失

很多人將九十%的注意力都放在了最終的公開講話上，卻忽略了也很重要的試講和彩排。最近我為一位互聯網企業的女高管做演講輔導。這位女高管演講的能力不錯，所以對於此次的輔導，並沒有那麼認真，結果我們在正式演講前一天的彩排中，發現了很多問題，讓她倒吸了一口涼氣。

彩排就是實戰，只有抱著實戰的心態才能發現問題、改正問題，在正式演講的那一天呈現出最佳狀態。

接下來我介紹一下彩排的步驟以及注意事項。

個人形象的準備

彩排的時候，最好做到全要素演練。

什麼是「全要素演練」呢？就是除了時間不一樣外，其他都跟正式演講時一模一樣，包括主講人的服裝、髮型甚至妝容。如果是線上演講，還要考慮衣服顏色是否與背景太接近。一些重要場合的演講，主講人至少要準備兩三套衣服。主講人的襯衫是否合身、褲子長短是否合適、西裝是否合身、領帶的顏色是否搭配得當、主講人的衣著與會場環境是否相符等，都需要在彩排時確定。

會場走位流程來一遍

彩排的時候，有些人會認為只要知道演講當天自己怎麼做就可以。事實上，僅僅記住怎麼做是不行的，你還需要親自走一遍流程。比如，工作人員請你從舞臺的左側上臺，講完之後從右邊下去。對方告訴你之後，你需要自己走一遍，目的是發現問題。知道這些細節能夠保證你在演講的時候，做到自然順暢，不鬧笑話。

很多重要談話還會有現場直播，考慮到機位的問題，主辦方還會要求主講人站在指定位置，工作人員會在舞臺的地板上做一個標記，你講話的時候最好站在那個標記上。如果沒有直播，你也需要考慮自己站在哪裡。此外，主講人所在的位置還需要考慮到簡報的播放，如果簡報是當作背景，主講人站在舞臺中央就可以，但如果簡報播放的內容很重要，主講人則要考慮自己站的位置會不會影響到下面的觀眾觀看。

確認硬體設備

彩排時需要試音。試音的時候，主講人需要注意的問題是：你正式講話的時候要用多大音量，試音的時候就用多大的聲音說話。你在試音的時候說話聲音小，正式演講的時候聲音才放大，那樣是要不得的。試音的時候，主講人的嘴巴與麥克風之間的距離要合適，太近的話，容易出現噴麥的情況，會讓觀眾的聽感不好；距離太遠的話，收音效果不好，觀眾會聽不到。

對於不同的麥克風，主講人需要注意的問題不一樣。如果是手持麥克風，主講人在講話的時候，需要注意自己的嘴巴要時刻對準麥克風。沒有經驗的主講人，容易出現的問題是人轉過身說話，麥克風沒有跟過去，收音效果不好，導致聲音忽大忽小的。

有些演講是在攝影棚進行，需要使用小蜜蜂麥克風，這時候要考慮有地方可以放置小蜜蜂的擴音器。還有一種是舞臺上會有一個小講臺，講臺上會有一個鵝頸麥克風，主講人在彩排時，需要將自己的身高與麥克風的高度也納入考量。

關於簡報的播放也有一些眉角。在一些重要場合上，簡報是由工作人員來播放，而不是主講人自己，所以在上臺講話前，要跟工作人員溝通好。通常的做法是給工作人員一份文稿，主講人將自己要翻頁的地方做好標註，提醒工作人員在自己講完某段話後，進行翻頁。

如果簡報裡有影片內容，通常會有個超連結。你需要在拷貝文字內容到會議方的電腦時，也把影片資料同步拷貝過去，否則就會出現影片放不出來的問題。

試講與復盤

準備工作結束之後，接下來就是試講環節了。為了發現問題，整個試講環節最好用手機進行錄影，方便主講人結束試講之後，可以觀看錄影影片去發現問題和改正問題。

在復盤時，我們可以邊看邊記，這樣復盤會比較全面。等你全部復盤之後，再進行一個全面的總結，將問題分門別類地歸納。

內容是否講清楚了？

簡報每一頁內容與主講人的講解是否對應、主講人講的內容是否過於艱澀、是否有遺漏的地方，這些都是主講人需要考慮在內的。最近我在輔導一位互聯網公司的老闆，主要關注的就是對方的演講稿是否易於理解，以及是否過於專業。演講時，可以提出一些新概念、新表述、新方法，但是在具體解釋這些新概念、新表述、新方法的時候，要用通俗易懂的話去解釋說明。

語速語調是否合適？

上了舞臺之後，很多人一緊張就會出現語速過快的問題，導致觀眾跟不上你的節奏，進而放棄聽講。這會給主講人造成很大的負擔，講話時心裡節奏就會加快，越說越快，最終無法控制。

此外，還要注意語氣和語態，簡單來說，語氣和語態就是說話的基調。說高興的事情，你的基調是喜悅的；說悲傷的事情，你的基調應該是凝重的。再者，演講中的故事或案例，很重要的一點是要生動、有趣，話語的基調是活潑的，如果講稿中的故事很精彩，可是主講人語氣平淡無味，演講效果一定是不好的。

附錄

一位優秀主持人的表達養成

許多人很好奇，一位優秀的主持人是怎麼學習表達的？大學四年是如何學習播音專業知識的？他又是怎麼去自我提升的呢？他們的學習經歷，能為我們提供哪些幫助呢？

在這篇文章中，我將一一為大家解答。

早晨練聲音

俗話說得好，「工欲善其事，必先利其器。」聲音是表達的利器，播音專業的學生最常做的一件事就是晨起練聲，也叫「出早功」。清晨剛剛睡醒，我們的聲帶剛好處於鬆弛舒服的狀態，再加上這個時候人的意識最為清醒，所以非常適合練聲。練聲不但能改善音色，讓聲音聽上去明亮好聽，同時也可以鍛鍊我們的識稿能力，培養我們以後上臺讀稿、念詞不出錯的能力。還有一點，練聲就和晨起鍛鍊一樣，每天早上跑幾圈，體能就會增加；而每天堅持練聲，我們嗓子的耐力也會提高，以後遇到長篇稿子，就不會發慌。

那麼，怎麼練聲才最有效？對於我們非專業的人來說，合適的練聲方法是什麼呢？下面我們一塊來看看。

氣泡音

我在前面提到過氣泡音的訓練。無論是對於播音專業人才還是普通人，氣泡音都是一個保護嗓子的好方法，它既能幫我們完成聲音的熱身，也能幫我們緩解嗓子疲勞。我們再來回顧一下它的發聲方法：首先要保持身體的放鬆，然後口鼻同時平穩地吸氣，氣吸八分滿後，再發「啊」這個音。這裡要注意的是，不要通過擠壓聲帶發出聲音，而是通過腹部發力，微微送氣，用氣流去振動聲帶發出氣泡音。另外要說的一點就是，氣泡音不光可以在早晨練習，只要覺得嗓子疲勞不舒服，都可以試著發氣泡音，按摩我們的聲帶。

練習母音「a」

接著是練發音，練我們說話最常用到的音——母音「a」，這是播音專業學生的必練項目，對於非專業的朋友來說，發好母音a也很重要。如果你仔細觀察自己讀過的稿子，就會發現母音a的存在感，像是炒菜放的油一樣，幾乎每一句話都有它。

發a的音時，關鍵在於要掌握發音的位置，有的朋友容易用口腔後部發音，也就變成了我們聽到的美聲「嗷」，這就屬於發音位置過於靠後的情況。正確的方法是這樣的：首先，嘴巴張開，但是不要張太大，一旦發現下巴有繃緊的感覺，那就代表張開得太大了。其次，要注意顴肌的提起。顴肌就是臉上顴骨那一部分的肌肉，又叫蘋果肌。我們可以嘗試做一兩次微笑的動作，去感受顴肌的提起。平常與人對話時，我們覺得有的人說話不愛張嘴，感覺臉是拉下來的，就是因為說話人的顴肌沒有提起。最後，口腔後方兩側牙要打開，感覺就像是咬一口蘋果一樣，只有後方兩側牙打開，口型才能完整。一般情況下，說話口齒不清，很大程度跟後方兩側牙不開合有關係。最後要提醒的是口鼻同時吸氣，然後用我們的小腹控制力度，將氣息慢慢地推出，發「啊」，切記，不能太靠前變成「哀」，也不要太靠後變成「嗷」。

母音a練好後，不僅是發音問題能夠解決，同時還能夠解決很多表達上的問題，比如需要抒發感情的時候，試著把顴肌提起來，話語中的情感就會飽滿一些。再比如在大場合公開講話前，練一練發音，可以打開嗓子，讓自己上臺講話時聲音不會太小。

數棗

剛剛我們說完了聲音，接下來說怎麼練呼吸。如果你在公開表達的時候，時常會覺得稿子很長，念到一半很累。以下這個方法一定要堅持做，那就是「數棗」。

出東門，過大橋，大橋底下一樹棗。拿著桿子去打棗，青的多，紅的少。

一個棗兩個棗三個棗四個棗五個棗六個棗七個棗八個棗九個棗十個棗九個棗八個棗七個棗六個棗五個棗四個棗三個棗兩個棗一個棗。

這是播音專業的同學出早功必練的繞口令。注意，數棗的片段一定要一口氣說完。如果剛開始覺得有難度，可以先從一數到十，然後換口氣，再從十數到一，漸漸地，做到一口氣完成。

數棗有兩個好處，一是擴大我們的肺活量，二是鍛鍊我們長氣息狀態下平穩的表達。有的朋友也許能一口氣數完，但是數到最後聲音都是硬擠出來的。不過，這種說話狀態不要代入到正常的念稿中，發現氣息不夠還是要及時地停頓，換氣後再進行講話，千萬不要追求極限。

讀書

練完了聲音和呼吸，接下來就可以進入表達訓練了。早起後，你可以選一本自己喜歡讀的書，或者直接唸出工作匯報。記住，一定要張口，不要默讀，否則就沒有訓練的作用了。除了讀書念稿外，你還可以留意日常生活中接觸到的各類文字，可以是長官在工作群組中發出的文字通知，也可以是下班回家，看到的路邊商店名稱，將這些文字大聲讀出來，是為了鍛鍊我們的識讀能力。

如果你讀稿子經常讀錯，說話結結巴巴，那就一定要堅持這個熟悉文字的訓練。工作時的我們雖然經常和文字打交道，但使用的往往是我們的眼睛和耳朵，很少用嘴巴去說，久而久之，就形成表達上的盲點，說白了就是眼睛看到了，可是嘴巴卻沒跟上。時常開口讀文字，相信你一定能實現流利的表達。

多練耳朵

剛剛跟大家分享的是怎麼練嘴，現在我們再來講講怎麼練耳朵。你可能會問，表達是跟嘴有關的，跟聽力有什麼關係？其實不然，想要練就完美的表達，練好耳朵也很重要。因為只有多聽、多感受不同的表達方式，才有助於豐富我們的表達。

播音系的學生學習表達時，經常要欣賞不同的聲音作品，從中獲取經驗。這一階段的學習，我們也叫作「藝術感受力的培養」。

聽廣播

最最簡單的，就是沒事多聽廣播，尤其是談話類節目。常聽廣播節目，漸漸地你就會發現，廣播節目裡的主持人說話非常接地氣，然而接地氣卻不俗氣，而且廣播節目裡的表達，要比我們日常說話更積極，因為廣播只能聽不能看，聽眾看不到主播的神態表情，因此主播透過電波傳遞給聽眾的情感也是會衰減的。如果主播表達不夠積極、不夠熱情，那麼通過廣播傳遞給聽眾的聲音就會是平淡的，甚至是冷漠的。

常聽廣播會在潛移默化之中，提高我們表達的積極性。無論是工作匯報、年會總結，還是和同事、客戶交流，我們一開口，就能有溫度。

聽小說

剛剛講的是通過聽廣播來提升我們的日常表達，下面這個方法可以用來培養我們表達的豐富性，那就是聽小說、聽廣播劇。有聲書、廣播劇是時下非常流行的聲音產品，為我們提供了熟悉的分析情感表達的通道。我們聽小說、聽廣播劇，到底要聽什麼呢？

第一個是聽主播是怎麼用聲音去描繪小說裡的場面。小說當中有很多關於環境的描寫文字，必須通過聲音生動地描繪出來，才能讓聽眾有身臨其境的感覺。這種對文字的聲音處理，不但可以用在有聲書的演繹上，在公開演講描述環境細節的時候也很好用。

第二個是聽主播是怎樣用聲音演繹小說中的角色。小說中的人物，男女老少，正邪兩派，形形色色。一個優秀的聲音主播，會用自己的表達能力塑造出千人千面的效果，我們可以從他們演繹的作品中汲取經驗。如此一來，當我們演講中出現人物對話的片段時，就有了表達的依據。為什麼有的朋友總會覺得自己演講起來不夠生動，有一部分原因就在於你在演講當中的角色形象辨別度不夠。

第三個是聽主播怎樣用聲音表達人物情感。抒情表達對於很多同學來說，往往是最難的，因為抒情意味著內心的波動、聲音的變化。但除非專門研究表達的人，普通人很少會在生活中抒發情感的時候，突然停下來分析自己是怎麼說話的。說得再通俗點，在你發火大吼之後，幾乎不會回過頭來觀察自己當時是用了怎樣的呼吸方式、多高的音調、什麼樣的發聲狀態才發出怒吼聲的吧。這個時候，聽小說就為我們提供了情緒表達的參考依據。我們沒有辦法重現自己情感流露那一刻的表達狀態，但是我們可以聽小說人物抒發情感時的狀態。聽聽主播怎麼用語氣、節奏、呼吸、音調等方式演繹，這些都可以成為日後我們表達的方法。

心態要正確

學習表達，擺正心態很重要。在做表達準備時，任何炫技心態都是不可取的。

當我們發現問題時，也要學會調整心態。表達風格的調整並不像我們解數學題一樣，發現做錯了，就擦掉改正那麼直接。一個人的表達風格，和他的性格、審美、個人追求等等都有關聯，因此調整的過程一定是循序漸進，潛移默化的。在學習時，切莫焦慮，急於求成。

相信很多朋友都有過這種想法，當你發現自己表達上的問題，一時之間難以解決的時候，就會覺得「我就是這樣的人」，以此為由放棄改變。但在這裡我一定要告訴大家，「我本該如此」這種話，往往會成為我們提升表達力的最大障礙。當內心產生這種想法時，就意味著我們放棄去改變，用消極的心態去面對自己的不足。但事實上，表達是可以改變的，它會隨著時間的推移、閱歷的增長等一系列因素產生變化。因此，只要我們堅持鑽研，常帶著問題去思考，就一定能夠突破自己的表達困境。

大量的練習與復盤

有一位學生畢業後整理自己口語課的復盤檔，他告訴我這幾年下來他寫了十萬字的復盤作業。播音是一門口耳之學，嘴巴和耳朵都需要大量的學習和練習，除此之外，還要針對自己的作業復盤。只有這樣循環往復，你的口語表達能力才能逐步提高。

時刻留心身邊那些說話表達能力強的人，留意影片平臺中那些表達能力強的表演者的作品，勇於嘗試、積極準備，試講彩排做到位，語言表達能力才能有所提升。

後記

年僅十八歲的谷愛淩奪得她人生中第一塊奧運金牌後，面對記者們的提問，她侃侃而談。我想，你一定被她邏輯清晰、應對自如的表達能力所折服。無論是名人還是我們這種普通人，社交時代，一個人擁有表達力，在競爭激烈的社會中，就多了一份生存下去的能力。

與我的前作《完美溝通》側重於職場溝通表達不同的是，這次出版的《一聽就懂的邏輯表達力》增加了生活場景下的表達、對抗與辯論，相信這些內容可以幫助你提升自己日常生活中的社交形象。

這本書是我在樊登讀書APP上的音訊課程「表達能力全方位提升實戰課」的文字版，二〇二一年我與樊登讀書APP深度合作，前後推出兩門課程。二〇二一年六月，樊登APP上線推出了八節影音課程「贏在職場——宋曉陽溝通課」，該課程得到了原央視新聞主播郎永淳、原央視新聞主播李小萌的大力支持，在此深表謝意。同時推薦大家關注他們在抖音上的個人帳號「郎永淳」及「主持人李小萌」。

二〇二一年九月，三十節音訊課程「表達能力全方位提升實戰課」上線，該課程一推出很快就成為站內最受歡迎的表達課，銷售量驚人，最終成為站內最受歡迎的表達課程前三名。

感謝樊登讀書舒從嘉，沒有你，我們的課程不會如此順利地上線更新。

感謝樊登讀書馮蕊、朱金璘，感謝你們為影音課程順利上線付出的努力。

感謝編輯亞丁老師，兩次與您合作，非常愉快！

感謝我的合作夥伴王帥天，感謝你的智力支持與辛苦付出。

宋曉陽

二〇二二年二月九日於北京

翻轉學 翻轉學系列 121

一聽就懂的邏輯表達力

從面試、開會、簡報到人脈經營，26 堂全方位職場說話課

作　　　者　宋曉陽
封 面 設 計　張天薪
內 文 排 版　顏麟驊
責 任 編 輯　洪尚鈴
行 銷 企 劃　蔡雨庭、黃安汝
出版一部總編輯　紀欣怡

出　版　者　采實文化事業股份有限公司
業 務 發 行　張世明・林踏欣・林坤蓉・王貞玉
國 際 版 權　施維真・王盈潔
印 務 採 購　曾玉霞
會 計 行 政　李韶婉・許俽瑀・張婕莛
法 律 顧 問　第一國際法律事務所　余淑杏律師
電 子 信 箱　acme@acmebook.com.tw
采 實 官 網　www.acmebook.com.tw
采 實 臉 書　www.facebook.com/acmebook01

I S B N　978-626-349-439-8
定　　　價　380 元
初 版 一 刷　2023 年 10 月
劃 撥 帳 號　50148859
劃 撥 戶 名　采實文化事業股份有限公司
104台北市中山區南京東路二段95號9樓
電話：（02）2511-9798　傳真：（02）2571-3298

國家圖書館出版品預行編目資料

一聽就懂的邏輯表達力：從面試、開會、簡報到人脈經營，26 堂全方位職場說話課／宋曉陽著 .-- 初版 .-- 臺北市：采實文化，2023.10
256 面；14.8×21 公分 . --（翻轉學系列；121）
ISBN 978-626-349-439-8（平裝）
1. CST：溝通技巧　2. CST：人際傳播
177.1　112014706

本書繁體版由四川一覽文化傳播廣告有限公司代理，經北京時代華語國際傳媒股份有限公司授權出版。

《如何有邏輯地表達》更改書名為《一聽就懂的邏輯表達力》授權期間自112 年8月30 日起至116年12月15日止，許可發行核准字號為文化部部版臺陸字第 112211 號。

采實出版集團
ACME PUBLISHING GROUP